Anja Schmidt

Räucher-
rituale

für sinnliches Wohlbefinden

pickup

Anja Schmidt

Räucher-rituale

für sinnliches Wohlbefinden

Für Herrn Michael Dolles

Die Inhalte des Buches wurden von der Verfasserin nach bestem Wissen erstellt und mit größtmöglicher Sorgfalt geprüft. Sie bieten jedoch keinen Ersatz für eine kompetente medizinische Beratung. Weder Autorin noch Verlag können für eventuelle Nachteile oder Schäden, die aus den im Buch gegebenen Hinweisen resultieren, eine Haftung übernehmen.

Bibliografische Information *Die Deutsche Bibliothek*
Die Deutsche Bibliothek verzeichnet diese Publikation in der Deutschen Nationalbibliografie; detaillierte bibliografische Daten sind im Internet unter http://dnb.ddb.de abrufbar.

Redaktion: Petra Holzmann
Umschlaggestaltung: ZERO Werbeagentur, München
unter Verwendung eines Motivs von FinePic
Produktion: Ortrud Müller
Satz: EDV-Fotosatz Huber/Verlagsservice G. Pfeifer, Germering
Druck und Bindung: Alcione, Trento
Printed in Italy

ISBN 3-7205-2693-3

Inhalt

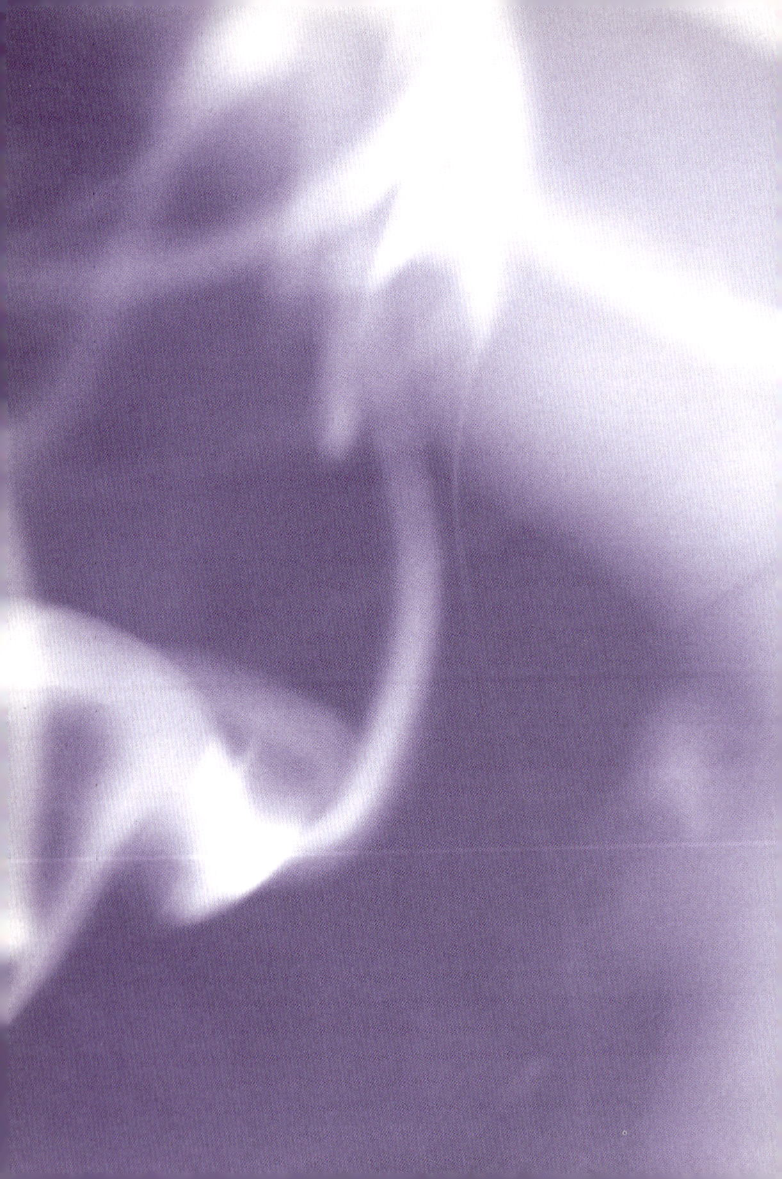

Vorwort

Es zischt, es raucht, es knistert … Räucherwerk verströmt anregende, schmeichelnde, betörende Aromen, die uns von einem Moment zum anderen in eine andere, aufregende, sinnlichere Welt versetzen …

Dieses kleine Buch ist eine Einladung, die Welt des Räucherns zu erkunden und sich damit den fast vergessenen Reichtum zu erschließen, zu dem es nur einen einzigen Zugang gibt: nämlich den über unsere Nase, den Riechsinn. Und dieser Zugang hat eine ganz besondere Qualität: Er führt uns nicht nur in die überfließende Fülle sinnlicher Wahrnehmung, sondern er berührt gleichzeitig mühelos unsere Emotionen. So haben Sie mit dem Räucherwerk ein wirksames Instrument, um sich selbst in gute Stimmung zu versetzen, sich zu entspannen, sich aufzubauen, sich wohlig einzuhüllen, sich zu trösten oder zu energetisieren – kurz: sich jederzeit selbst mit sinnlichem Wohlbefinden zu beschenken und gleichzeitig Ihrer Gesundheit etwas Gutes zu tun.

Ich wünsche Ihnen viel Freude dabei!

Anja Schmidt

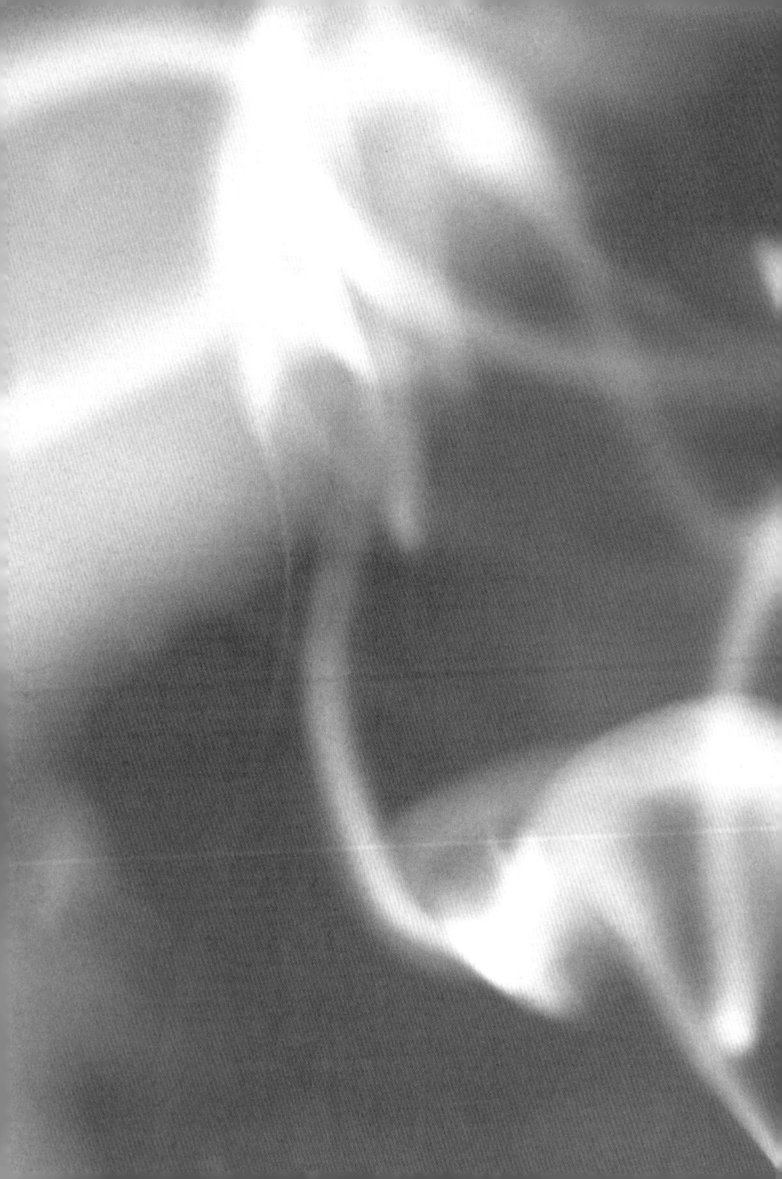

Einführung

Räuchern – Was ist das eigentlich?

Wenn man erzählt, dass man sich mit dem Räuchern befasst, kommt fast immer zuerst die Frage: »Was räucherst du denn? Aale? Schinken? Speck?« Die Standardantwort lautet: »Nein. Weihrauch. Myrrhe. Sandelholz.« Dieser Dialog zeigt, dass das Räuchern nicht mehr zu unserem Alltag gehört, wie das noch vor wenigen Generationen der Fall war. Dennoch gibt es immer mehr Menschen, die diese alte Tradition wieder entdecken, die fast überall zu finden ist, und die wichtiger Teil vieler Hochkulturen war.

Räuchern, das bedeutet, dass man bestimmte natürliche aromatische Substanzen auf glühende Kohle legt und dort verglimmen lässt. Die jeweilige Substanz setzt in diesem Prozess die in ihr enthaltenen physisch und psychisch wirksamen (Duft-)Stoffe frei; der aufsteigende Rauch trägt diese mit sich und verteilt sie im Raum beziehungsweise in der Umgebung. Wer damit in Berührung kommt, nimmt die Duftstoffe über Nase oder Mund auf und erfährt die entsprechenden Wirkungen unmittelbar.

Über die Fähigkeiten des Riechsinns

Um zu verstehen, wie diese Wirkungen zustande kommen, müssen wir uns ein wenig mit dem Geruchssinn befassen, unserem entwicklungsgeschichtlich ältesten Sinn, der jedoch seit einiger Zeit nur mehr eine untergeordnete Rolle spielt.

Zunächst einmal einige Fakten über den Riechsinn und das Riechen:

Obwohl sich in unserer Nase nur etwa 350 Riechzellen befinden, können wir mehr als 10.000 Gerüche unterscheiden. Bestimmte Geruchsmoleküle passen nach dem so genannten »Schlüssel-Schloss-Prinzip« nur in bestimmte entsprechende Rezeptoren. So signalisiert zum Beispiel eine ganz bestimmte Duftkombination dem Gehirn: »Ah, das ist Blumenduft!«

Dieses System ist äußerst treffsicher. So können beispielsweise Mütter ihre Babys immer am Duft erkennen – und umgekehrt. Die Natur sorgt intelligenterweise auch dafür, dass Eltern den Geruch ihres Sprösslings grundsätzlich als angenehm und vertraut empfinden.

Besonders interessant ist die Tatsache, dass Geruchsimpulse auf direktem Weg an das so genannte limbische System des Gehirns weitergeleitet werden.

Das bedeutet, dass Düfte unmittelbare Auswirkungen einerseits auf unser Gefühlsleben, andererseits auf unser Handeln haben. Denn das limbische System steuert unsere Triebe, unsere Instinkte, die Motorik sowie den Verdauungsapparat. Außerdem beeinflusst es direkt die Hormonausschüttung sowie unser Stressverhalten. Kein Wunder also, dass Duftstoffe äußerst kraft- und wirkungsvoll sind. Verwunderlich ist vielmehr, dass wir diese Tatsache nicht in viel höherem Maße sinnvoll für unser Wohlbefinden nutzen und Duftstoffe bewusst einsetzen.

Warum wir das Riechen verlernt haben

Dass wir das Riechen »verlernt« haben, liegt zum einen schlicht an der Evolution. Denn, so fand man heraus, je zivilisierter der Mensch wurde, desto mehr entwickelte sich der Riechsinn zurück und überließ mit der Zeit dem Sehsinn den Vorrang. Das blanke Überleben hing einfach immer weniger von ihm ab. Zwar riechen wir auch heute noch an unseren Speisen – sofern das möglich ist und sie nicht luftdicht verpackt, versiegelt und mit Verfallsdatum versehen sind –, um herauszufinden, ob sie noch essbar oder schon verdorben sind. Doch das Wittern von Gefahren, beispielsweise in Gestalt eines wilden (und intensiv riechenden) Tieres, gehört nur noch für sehr wenige von uns zu den vorrangigen Überlebensmechanismen. Und wir nehmen zwar auch heute noch wahr, wenn jemand Angst- oder Stressschweiß verströmt, jedoch haben wir verlernt, darauf unmittelbar zu reagieren. Keiner wird weglaufen – also den Impulsen seines limbischen Systems folgen –, nur weil der Chef gerade im Stress ist, oder weil die Gerüche, die im Zoo aus dem Löwenkäfig dringen, uns eigentlich dazu auffordern.

Zudem sind neben veränderten sozialen Gegebenheiten auch die Umweltbedingungen nicht mehr das,

Riechversuch I

Riechen Sie heute oder morgen einmal den ganzen Tag lang bewusst an den Speisen und Getränken, die Sie zu sich nehmen. Was empfinden Sie dabei? Was geschieht in Ihrem Körper? Ändert es vielleicht etwas an Ihrem Appetit auf bestimmte Nahrungsmittel? Und wie verändert dieses Experiment Ihre Gesamtstimmung an diesem Tag? Macht es Sie vielleicht lebendiger? Sinnlicher?

Genießen Sie diesen Versuch, und tauchen Sie in die Welt des Dufts ein!

was sie einmal waren. Die Luft in den Städten ist voller Schadstoffe und Abgase; die Kaufhäuser voller synthetischer Duftstoffe, die uns zum Kaufen verführen sollen; und die Menschendichte in U-Bahnen, Konzerthäusern und Kinos ist so hoch, dass wir unsere Nasen lieber verschließen.

Sinnlicher leben

Dennoch ist es glücklicherweise noch immer so, dass wir in besonders köstlichen Momenten unwillkürlich unsere Riechzellen öffnen und plötzlich ganz intensiv den Duft eines geliebten Menschen, den Geruch von feuchtem Gras, blühenden Obstbäumen oder den Duft des Waldes überdeutlich wahrnehmen und genussvoll in uns einsaugen.

Viele Menschen können sich sogar an den Duft einer Stadt erinnern oder an die Duftnuancen einer Jahreszeit. Tatsächlich: Frühling, Sommer, Herbst und Winter riechen ganz unterschiedlich. So wie bestimmte Landstriche von ganz bestimmten Gerüchen geprägt sind.

Erstaunlich ist auch die Fähigkeit des Riechsinns, uns Menschen, Orte und Situationen mit einem Schlag und allen Details wieder ins Gedächtnis zu rufen. Kaum weht einem ein bestimmter, altbekannter Duft in die Nase, fühlt man sich zurückversetzt in eine andere Zeit, oder ist plötzlich einem Menschen, den man geliebt hat, scheinbar wieder ganz nah.

Gerüche können uns ohne Umschweife ins Herz treffen, Flugzeuge im Bauch hervorrufen oder bewirken, dass wir uns von einem Moment auf den anderen öffnen, entspannen und hingeben. Um unser Leben wieder sinnlicher, aufregender und lebendiger zu gestalten sowie unser Wohlbefinden ganz bewusst dann zu fördern oder wiederherzustellen, wenn wir es gerade wollen und brauchen, lassen sich die wunderbaren Fähigkeiten des Riechsinns auch ganz gezielt einsetzen: mittels Räucherwerk, der uralten Form der Aromatherapie.

Inseln für Harmonie und Wohlbefinden

Um sich selbst etwas Gutes zu tun, braucht es zunächst etwas Zeit. Oft werden wir so sehr von Hektik und Stress vereinnahmt, dass kaum Raum und Muße für die Besinnung auf das Wesentliche bleiben: auf das eigene Wohlbefinden, auf das schlichte »Mit-sich-selbst-Sein«. Dazu gehören Ruhe, Entspannung, Seele baumeln lassen und sich einfach wohl fühlen in seiner Haut.

Um diese Qualitäten wieder – oder vermehrt – in unser Leben zu holen, müssen wir kleine Inseln

Riechversuch II

Unternehmen Sie einmal diesen kleinen Versuch, um sich die unglaublichen Fähigkeiten Ihres Riechsinns vor Augen zu führen: Wählen Sie ein paar Düfte aus Ihrer Erinnerung aus, schließen Sie die Augen und versuchen Sie nun, sie aus dem Gedächtnis heraus wahrzunehmen. Sie werden staunen, wie gut und detailreich das funktioniert. Am besten Sie wählen dafür Ihre Lieblingsdüfte. Oder Sie versuchen es mit den Folgenden: Zimt, Vanille, Honig, Pfefferminze, Bratapfel oder Mandarine.

Wenn es nicht gleich klappen will, kann ein kleiner Trick helfen: Denken Sie an den entsprechenden Duft, und versuchen Sie, seine Qualitäten zu beschreiben, zum Beispiel Zimt: warm, süßlich, leicht scharf, voll, rund, hocharomatisch …

schaffen, die klar abgegrenzt sind von den Tätigkeiten und Pflichten des Alltags. Solche »Inseln« können Räucherrituale sein.

Duft und Absicht

Ein Räucherritual besteht aus zwei Komponenten: zum einen aus den Räuchersubstanzen, die verglimmend ihren Duft entfalten, zum anderen aus der inneren Haltung, der Absicht.

Schon die Auswahl der Räucherstoffe beinhaltet eine Absicht, denn jedes Harz, jedes Holz, jedes Kraut verströmt ein anderes Aroma, das wiederum ganz bestimmte Stimmungen fördert. So können Sie Ihrer Bedürfnislage entsprechend entscheiden, ob Sie beispielsweise angeregt und energetisiert, entspannt und harmonisiert oder wach und konzentriert werden möchten. Die Räucherdüfte tun ihre Arbeit auch ohne Ihr Zutun, doch Ihre Absicht kann die Wirkung deutlich verstärken, denn Sie richten sich damit innerlich klar aus und öffnen sich umso mehr dem jeweiligen Duftreiz.

Ein Ritual bietet den optimalen Rahmen für diese Verquickung von Wirkung und Absicht. Es bedeutet, dass Sie ganz bewusst Ihren aktuellen Bedürfnissen einen angemessenen Platz in Ihrem Alltag einräumen und damit sich selbst ernst nehmen und für sich sorgen. Vorschläge für Rituale und ihre Gestaltung finden Sie ab Seite 58. Lassen Sie sich davon inspirieren und leiten – und fühlen Sie sich frei, Ihre eigenen kreativen Rituale zu gestalten.

Wie man Räucherungen seit Urzeiten einsetzt

Das Räuchern ist in fast allen Kulturen, nahezu überall auf diesem Planeten anzutreffen. Doch wie fing es damit an? Man kann davon ausgehen, dass die ersten Räuchererfahrungen zu der Zeit gemacht wurden, als die Vorfahren des Menschen lernten, das Feuer für sich zu nutzen, also schon vor vielen Hunderttausend Jahren. Es wird wohl eher zufällig geschehen sein, dass ein harziges Stück Holz oder ein besonders aromatischer Zweig verbrannte – und die Anwesenden merkten, dass sich schlagartig ihre Stimmung veränderte. Danach dürfte es nicht lange gedauert haben, bis sie herausfanden, dass verschiedene Harze oder Pflanzen unterschiedlich wirkten. Das Räuchern war geboren: Die Menschen begannen, spezielle Räuchersubstanzen immer gezielter einzusetzen.

Schamanisches Räucherwissen

Die ersten Erfahrungen mit den Wirkungen des duftenden Rauchs müssen auf die damaligen Menschen einen tiefen Eindruck gemacht haben. Womöglich lösten sie in ihnen sogar die ersten religiösen Gefühle aus – vage Ahnungen oder Vermutungen, dass es außerhalb der materiellen Welt noch eine andere, unsichtbare Sphäre geben müsse. Denn wie konnte es sein, dass einfaches Holz oder Harz, das man verbrannte, so einen tiefen, geheimnisvollen Einfluss auf ihr Befinden ausübte? War da vielleicht so etwas wie ein Pflanzengeist, der sie berührte, verzauberte oder sogar in sie kroch …? Offenbar besaß jede Pflanze ihren eigenen Geist, der unterschiedliche Gefühlszustände bewirkte.

In dieser weit zurückliegenden Zeit ist auch die schamanische »Kultur« entstanden, die von Anfang an mit der gezielten Verwendung von (Heil-)Pflanzen verbunden war. Das Verbrennen von Räucherwerk und Anrufungen, die sich an die schamanischen Geister und Gottheiten wandten, gingen Hand in Hand. Der Rauch als einzige sichtbare Naturerscheinung, die von unten nach oben aufsteigt, schien das optimale Vehikel zu sein, um Wünsche, Bitten, Gebete und auch den Dank und die Ehrerbietung der Menschen in den Himmel zu tragen. Rituelle Handlungen sollten diese Kommunikation unterstützen und bestärken.

Die Schamanen benutzten oft halluzinogene Pflanzen, die sie verräucherten und inhalierten, um sich in Trance zu versetzen und so die Botschaften der Götter zu empfangen, höhere Wirklichkeiten zu schauen und Kranke zu heilen.

Warum räuchern?

Im Laufe der Zeit wurde das Räuchern hauptsächlich aus folgenden drei Gründen genutzt:

1. Um zu kommunizieren: Man schickte mit dem duftenden Rauch Botschaften an den Himmel, an höhere Wesen und Gottheiten.
2. Zur Reinigung und Heilung: Man reinigte mit bestimmten Räucherstoffen die Luft, vor allem, um Krankheiten zu vertreiben.
3. Für Liebe und Sinnlichkeit: Erotisierende Düfte sollten attraktiv machen und die Lust anregen.

Düfte überall

Je mehr sich die Welt »zivilisierte«, je weniger der Riechsinn für das blanke Überleben notwendig und von vorrangiger Bedeutung war, desto mehr hielten im Gegenzug aromatische Düfte in verschiedensten Lebensbereichen Einzug. Man räucherte weiterhin den Göttern, »beduftete« die Paläste, ja sogar die Straßen – und zunehmend auch sich selbst. Ein reger Handel, der bis heute bezeugt ist, war im Gange. Schiffsladungen mit Kostbarkeiten, darunter tonnenweise Weihrauchharz, verkehrten zwischen den Kontinenten, und im Jahre 950 v. Chr. wurde die be-

Räuchern in der Bibel

Weihrauch wird bis heute in katholischen und orthodoxen christlichen Kirchen verbrannt. Diese Tradition zieht sich durch die gesamte christliche Geschichte; der Grundstein dazu wurde jedoch schon lange vor der christlichen Zeitrechnung gelegt. Bereits im Alten Testament ist zu lesen, dass Gott Moses dazu aufforderte, ihm zu Ehren Weihrauch zu verbrennen: »Der Herr sagte zu Mose: ›Besorge dir wohlriechendes Harz, Galbanum, reinen Weihrauch und würzige Räucherklaue. Mische alles zu gleichen Teilen zusammen, und gib etwas Salz dazu; verwende nur reine Zutaten! Von dieser Mischung sollst du mir immer das Räucheropfer darbringen.‹« (Mose 2, 34–35)

Ein weiteres Beispiel einer Bibelstelle, wo Räucherwerk eine Rolle spielt, ist das Hohelied Salomos. Hier geht es für biblische Texte auffallend sinnlich zu: duftende Räucherstoffe versinnbildlichen die Liebe Salomos.

rühmte Weihrauchstraße eröffnet, die sich vermutlich im südlichen Arabien befand.

Der Bedarf an Räucherwerk in Orient und Okzident stieg in dieser Zeit immens. Nachdem beispielsweise im alten Ägypten über Jahrhunderte hinweg nur zu religiösen Anlässen und diversen Staatsfesten geräuchert wurde, durfte es seit etwa 380 v. Chr. auch von reichen Privatleuten verbrannt werden. Und als Kleopatra, die bis heute für ihre Vorliebe für Düfte und Kosmetika bekannt ist, auf den Thron stieg, wurde fast zu jedem sich bietenden Anlass geräuchert. Die Pharaonin selbst soll sich der Überlieferung zufolge gesalbt, geölt, geschminkt – und ausgiebig beduftet haben.

Lust auf Duft

Die Lust auf Räucherduft scheint sich vielerorts auf sehr ähnliche Art und Weise verbreitet zu haben: Zunächst wurde ausschließlich im Rahmen der Götteranbetung geräuchert, dann auch für Kaiser oder Pharao, und schließlich bei immer mehr offiziellen und privaten Gelegenheiten.

In Griechenland waren es zunächst vor allem Tieropferungen, die von Räucherungen im größeren Stil begleitet wurden. Das hatte neben dem sakralen auch ganz praktische Gründe: Man wollte den üblen

Geruch schmorenden Fleisches und gerinnenden Blutes übertönen.

Da schlechte Gerüche mit grollenden Göttern assoziiert wurden, versuchte man diese zu meiden beziehungsweise durch Räucherungen zu neutralisieren und die Götter gleichzeitig gütlich zu stimmen. In Griechenland entstand der Begriff des »göttlichen

Orakelkulte – ohne Räucherung nicht denkbar

In der Antike waren Orakel gang und gäbe. Das bekannteste war und ist das Orakel von Delphi, das in vielen überlieferten Schriften detailliert beschrieben wird. Elementarer Bestandteil der Prophezeiungen, welche Pythia, die weissagende Priesterin des heiligen Tempels, verkündete, waren Räucherungen. Verschiedene Räuchersubstanzen, darunter Lorbeer, Myrrhe, Weihrauch und Labdanum sowie psychoaktiv wirkende Pflanzen, halfen der Priesterin, sich in Trance zu versetzen, um mit dem Gott Apollo Kontakt aufzunehmen, der, wie man glaubte, durch sie sprach und den Fragenden Antworten gewährte, die in der Regel ihre zukünftigen Geschicke betrafen.

Wohlgeruchs«. Vor allem der Schönheitsgöttin Aphrodite sollen alle Wohlgerüche heilig gewesen sein, weshalb in den ihr geweihten Tempeln unentwegt Weihrauch verbrannt wurde. Die Griechen wurden im Laufe der Zeit immer duftbesessener, verfeinerten stetig ihre Duftkultur, sodass das Verbot, außerhalb religiöser Zusammenhänge zu räuchern, schließlich aufgehoben wurde.

Im Römischen Reich sah es ganz ähnlich aus. Man räucherte in eher geringem Maße, um beispielsweise die neuesten Eroberungen zu feiern oder den Göttern zu huldigen. Dazu wurde im Jahr 95 v. Chr. sogar ein Gesetz erlassen, das festlegte, welchem Gott welche Räuchersubstanzen geopfert werden mussten. Doch mit dem Beginn unserer Zeitrechnung kamen mehr und mehr Römer in Kontakt mit der afrikanischen und orientalischen (Duft-)Kultur. Der Verbrauch an Duftstoffen jedweder Art nahm rapide zu, und selbst kaiserliche Verbote und Edikte konnten nichts dagegen ausrichten. Man war auf den Räucher-Geschmack gekommen.

Kaiser Nero war es, der diesen Trend schließlich auf die Spitze trieb. Nicht nur seine Gemächer, seine Kleider und sich selbst ließ er beräuchern und beduften. Als seine Gemahlin Poppea beerdigt wurde, ließ er bei dem feierlichen Umzug gleich mehrere Tonnen arabischen Weihrauchs verbrennen.

Liebesräucherungen

Im Römischen Reich begann man dann auch in privaten Liebesgemächern duftendes Räucherwerk zu verbrennen – eine Sitte, die in Indien und Arabien schon längst gang und gäbe war.

Wer an Indien und die Liebe denkt, der ist schnell beim Kamasutra, der berühmten indischen Liebesfibel. Darin wird der geschickte Umgang mit Düften als eine der 64 hohen Künste beschrieben, die Bessergestellte der höheren Kasten beherrschen sollten. Als erotisierendes Beiwerk der Verführungskünste dienten und dienen, neben vielen anderen Räucherstoffen, besonders Adler- und Sandelholz sowie Weihrauch. Diesen Stoffen werden ebenso entspannende wie leicht berauschende Wirkungen nachgesagt. Obendrein enthalten diese Räuchersubstanzen Stoffe, die unseren Sexualhormonen ähneln. Kein Wunder, dass edles Räucherwerk aus dem Repertoire sinnlicher Verführungskunst nicht wegzudenken ist.

Man ging sogar so weit, die eigenen Kleider intensiv zu beräuchern. In arabischen Harems dienten dazu spezielle Kleiderständer, die über große Räucherpfannen gestellt wurden. So wurden die Gewänder intensiv mit anregenden, die Lust fördernden Düften »getränkt«. Doch auch ihre Körper beduftеten die schönen Haremsdamen und hüllten sie

Indische Räucherriten

Natürlich wurde auch in Indien vor allem den Göttern zu Ehren geräuchert, denn der Rauch edler Harze und Hölzer wurde dort, wie auch in anderen religiösen Traditionen als Nahrung der Götter betrachtet. In den Veden, den heiligen hinduistischen Texten, finden sich detaillierte Anweisungen für Opferräucherungen. Ganz besonders wichtig waren und sind Räucherungen auch bei den in Indien üblichen Bestattungs- beziehungsweise Verbrennungszeremonien. Dahinter steht der Glaube, dass der Rauch den Verstorbenen hilft, nach dem Tod ihren Weg ins Jenseits zu finden.

Neben den hinduistischen Traditionen gibt es in Indien auch die buddhistische Religion. Ihre Räucherkultur hat eine etwas andere Ausrichtung: Hier steht die Meditation im Vordergrund. Räucherdüfte sollen die Sinne des Meditierenden verfeinern und gleichzeitig zähmen, und ihm damit die Abkehr von der irdischen Welt mit ihren zahlreichen Verlockungen erleichtern.

in berauschende Duftwolken, indem sie sich vor einem Stelldichein nackt in den Räucherrauch stellten. Auch das Liebesgemach war ein wahrhaft berauschendes Duftparadies. Man kann sich so lebhaft vorstellen, wie die verführerischen Geschichten von Tausendundeiner Nacht entstanden sind.

Moschus für den Propheten Mohammed

Der Prophet und Begründer des Islam, Mohammed, soll drei Dinge genannt haben, die ihm am liebsten waren: Frauen, Düfte und Gebete. Das Paradies beschrieb er seinen Anhängern entsprechend: voller schöner Frauen und Wohlgerüche. Mohammed verfasste sogar bestimmte Vorschriften, wie die Düfte zu nutzen wären. Und er bezeichnete die Wohlgerüche als »die Nahrung, die mein Denken belebt«. Am meisten soll der Prophet den echten Moschusduft (siehe dazu auch Seite 78) geliebt haben, der vom Moschushirsch aus dem Himalaja stammte. Dieser extrem rare und daher teure Räucherduft soll fast immer in Mohammeds Nähe wahrzunehmen gewesen sein.

Räucherwerk zur ganzheitlichen Heilung

Räucherungen zu Heilzwecken sind in allen Kulturen zu finden. Angefangen bei den Schamanen der Urzeit über den indischen Ayurveda bis hin zu Heilräucherungen in Europa, die sogar noch vor wenigen Jahrzehnten hier zu Lande als probate Medizin galten.

Bei den Schamanen lagen Götteranrufung und Heilungszeremonie seit jeher nahe beieinander. Auch die so genannte »Heilschlaftherapie« im frühen Griechenland, bei der die Kranken unter anderem durch heilsames und entspannendes Räucherwerk in einen tiefen, visionären Tempelschlaf versetzt wurden, fand in heiligen Tempeln statt und lag in den Händen der Priester. Medizin und Spiritualität waren eng miteinander verbunden. Man kann hier wohl guten Gewissens von ganzheitlichen Heilungsansätzen sprechen. Dabei war auch die Umgebung des Tempels – anmutige, harmonische Gärten und Landschaften – von Bedeutung. Ruhe, innere Einkehr und Andacht taten ein Übriges, um die Patienten zu stärken und den Heilungsprozess zu unterstützen.

Auch im Ayurveda, dem traditionellen Heilsystem Indiens, sowie in der tibetischen Medizin sind Räucherungen wichtiger Bestandteil der Behandlung. Von großer Bedeutung ist hier das Sandelholz, *der*

Räucherstoff Indiens. Er wird bei vielen Beschwerden empfohlen, beispielsweise bei Atemwegserkrankungen oder Kopfschmerzen. Auch gilt verräuchertes Sandelholz als keimtötend und ist insofern perfekt zur Reinigung eines Krankenzimmers einsetzbar. Dabei verströmt es sein köstliches Aroma, das zudem den Kranken entspannt und zu sich selbst führt.

Man kann wohl sagen, dass fast überall dort, wo man zu Heilungszwecken Räucherwerk verbrennt, auch ein ganzheitlicher Heilungsansatz verfolgt wird. Duftender Rauch kann kaum auf einen einzigen Zweck reduziert werden. Ein entspannendes, besinnliches, erhebendes Moment ist immer dabei.

Der Rauch der Reinigung

Wie Sie oben schon gelesen haben, gehen die heilsamen häufig auch Hand in Hand mit den reinigenden Wirkungen von Räucherungen – und das durch alle Zeiten und Kulturen hindurch. Viele Räuchersubstanzen, zum Beispiel Sandelholz, Kampfer oder Bernstein, gelten als keimtötend und desinfizierend – und das ganz ohne Nebenwirkungen.

Gerade in Zeiten der großen Pestseuchen war es diese doppelte Wirkkraft, die der Räucherei Hochkonjunktur bescherte; hier waren es besonders Wacholder, Salbei, Baldrian und andere Kräuter, die in den Kranken- und Wohnhäusern eingesetzt wurden. Mit im Spiel war außerdem fast immer eine gute Portion Aberglaube. Man war der Meinung, dass der Rauch auch krank machende Geister und Dämonen vertreibe – und gleichzeitig die guten, hilfreichen Geister auf den Plan rufe.

Rauchnächte und Kräuterbüschel

Die so genannten Rauchnächte zwischen Weihnachten und Heilige Drei Könige am 6. Januar waren seit jeher der Reinigung mittels Räucherwerk vorbehalten. Das Haus wird in dieser Zeit nach altem europäischem Brauch traditionell von Überkommenem und Vergangenem des letzten Jahres gereinigt und auf die Ankunft des neuen Jahres vorbereitet.

Zum Räuchern in den Rauchnächten dienen – mancherorts in ländlichen Gebieten bis in die heutige Zeit – Pflanzen aus dem heiligen Kräuterbüschel, dessen Ursprung bis in heidnische Zeiten zurückverfolgt werden kann. Je nach Region ist die Zahl der Kräuter unterschiedlich, mal sind es sieben, mal neun, achtzehn, siebenundsiebzig oder gar neunundneunzig. Minze, Kamille, Johanniskraut, Salbei, Wermut, Spitzwegerich und Arnika sind immer dabei. Die Kräuter werden möglichst Mitte August gepflückt und bei der Kräuterweihe zu Mariä Himmelfahrt gesegnet. Das Kräuterbüschel wird dann nicht irgendwie, sondern nach ganz bestimmten Regeln zusammengebunden und zu Hause getrocknet. Die Kräuter werden nach und nach bei drohendem Unwetter oder eben in den Rauchnächten verräuchert oder beispielsweise auch krankem Vieh ins Futter gemischt.

Magie und Volksglaube

Womit wir auch schon bei der Magie wären, die im Mittelalter Hochsaison hatte. Kaum eine magische Handlung ist vorstellbar ohne den aufsteigenden Rauch der Räucherung. Die Werke des Arztes Agrippa von Nettesheim beispielsweise, insgesamt durchaus ernst zu nehmen, sind voll von teils obskuren Räucherrezepten. Bestandteile sind nicht selten giftige Pflanzen wie Bilsenkraut, Stechapfel oder

Schierling, welche starke Halluzinationen hervorrufen. Auch allerlei »Geisterkräuter«, manche freilich nach neuesten Erkenntnissen eher harmlos, sollten Geister, Dämonen oder Verstorbene auf den Plan rufen. Weitere Zutaten von magischen Räucherungen, welche die Toten herbeirufen, anderen Menschen Unglück bringen und selbiges gleichzeitig von der eigenen Person fern halten sollten, waren eher blutiger Natur und muten uns heute äußerst merkwürdig an. Auch waren sie häufig nur unter einigen Mühen zu beschaffen: das Menstruationsblut einer Jungfrau oder die Galle eines Tintenfischs etwa.

Erstaunlich aus heutiger Sicht, dass sich noch im ausgehenden Mittelalter Ärzte und Philosophen ernsthaft mit magischen Räucherungen befassten. Es mag daran gelegen haben, dass zu dieser Zeit die Wissenschaften noch nicht wie heute voneinander getrennt waren. Wer Philosophie betrieb, widmete sich nicht selten auch der Alchemie. Theologen waren oft auch Heiler. Ärzte versuchten via Geisteranrufung zu heilen.

Räucherwerksherstellung als hohe Kunst

Das größte vorstellbare Extrem zum Räuchern von beispielsweise Stieraugen oder getrockneten Fröschen, wie es in manchen magischen mittelalterlichen Rezepturen empfohlen wird, ist sicher die hohe Räucherkunst Japans, die in ihren Ursprüngen, gemeinsam mit dem Chan- beziehungsweise Zen-Buddhismus, aus China importiert wurde.

Zunächst war das Räuchern hauptsächlich unter buddhistischen Mönchen verbreitet, die damit ihre Meditation vertieften. Doch irgendwann entdeckte man das Räuchern in japanischen Adelskreisen für sich, und es entstanden ausgefeilte Duftspiele, in deren Mittelpunkt edles Räucherwerk stand. Dabei

Dem Duft lauschen

Eine wunderbare Formulierung, die heute in Japan verwendet wird, stammt ursprünglich aus China, wo einst eine hochentwickelte Räucher- und Duftkultur zu finden war: »dem Duft lauschen«. Sie zeigt, dass die Dufterfahrung etwas so Feines und Besonderes ist, dass sie mehr als nur den Riechsinn anspricht. Zudem war es üblich, bei zeremoniellen Räucherungen tatsächlich auch andere Sinne anzusprechen, indem bestimmte Klänge und Farben eingesetzt wurden. So wurde das Räuchern zur ganzheitlich-sinnlichen Erfahrung.

wurden verschiedene Räucherstoffe, oft Hölzer, nacheinander in einer speziellen japanischen Räucherschale verräuchert. Die Anwesenden mussten dann raten, welche Stoffe verbrannt worden waren. In fortgeschritteneren Versionen wurde eine immer größere Anzahl Räucherdüfte mit Gedichten, Geschichten oder gedanklichen Reisen in Verbindung gebracht. Jeder der Anwesenden konnte so nicht nur seine Wahrnehmung testen und schulen, sondern wurde auf eine zauberhafte Duftreise entführt.

Japanische Räucherwaren, hier vor allem Räucherstäbchen, -kugeln und -kegel sind die feinsten Räucherwaren, die es auf dem Markt gibt (siehe dazu auch Seite 102ff). Wie auch bei Ikebana (der Kunst des Blumenarrangements), Origami (der Kunst des Papierfaltens) oder der Töpferkunst verstehen es die Japaner durch unendliche Geduld, Ausdauer und Feinsinn ein Handwerk aufs Höchste zu verfeinern und zu perfektionieren. Hier stimmt alles bis aufs i-Tüpfelchen. Nicht nur die Duftkompositionen sind köstlich, vielfältig und hochwertig – von der Verpackung bis zur Namensgebung ist alles von einem Geist der Achtsamkeit, Vollkommenheit und Poesie geprägt.

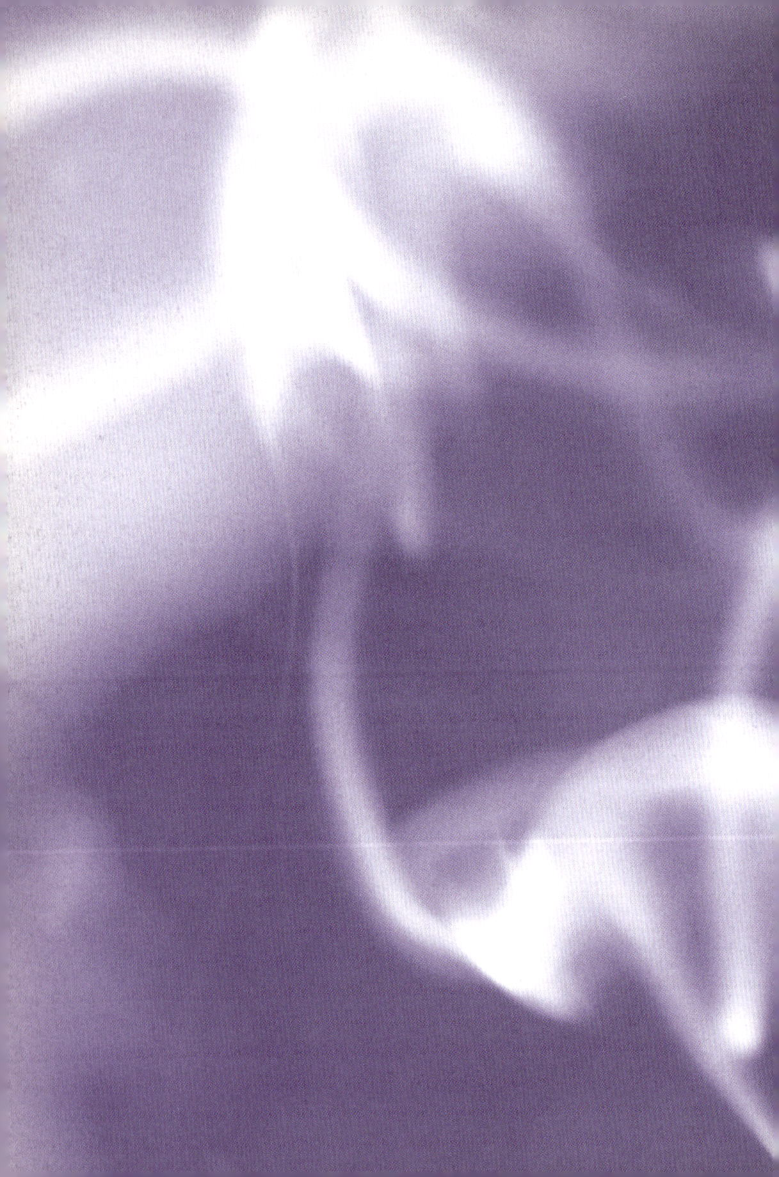

Die Praxis des Räucherns

Der geeignete Ort

Räuchern sollte man nicht mal eben zwischendurch machen. Schaffen Sie ein wenig Zeit und den geeigneten Raum, um sich darauf einzulassen – sonst können sich die gewünschten Wirkungen nicht entfalten.

Räuchern zu Hause

Es ist sinnvoll, ein Räucherritual immer an einem bestimmten Ort in Ihrem Zuhause durchzuführen. Wählen Sie hierfür einen Platz, an dem Sie sich wohl fühlen und für eine Weile ungestört sein können.

Reservieren Sie sich für Ihre Räucherrituale ein kleines Tischchen, oder räumen Sie einen Teil eines Regals, einer Kommode oder eines Sideboards frei. Gestalten Sie diesen Platz dann frei nach Ihren Bedürfnissen. Neben den Dingen, die Sie unmittelbar für die Räucherung benötigen, können Sie hier Kerzen, Edelsteine sowie Fotos oder Bilder platzieren, die Ihnen etwas bedeuten und die Sie bei einem Ritual, das Ihrem Wohlbefinden dienen soll, gern dabei haben möchten. Auch Gegenstände aus der Natur bieten sich an: zum Beispiel Muscheln, Steine oder Kastanien, die Sie gesammelt haben; eine Vase mit Blumen oder einem blühenden Zweig. Und natürlich finden hier religiöse oder spirituelle Gegenstände und Symbole, die Ihnen am Herzen liegen, ihren Platz: beispielsweise eine Buddha-, Jesus-, Marien- oder Engelfigur; ein Kreuz, ein Rosenkranz …

Vorsichtsmaßnahmen
Bedenken Sie, dass bestimmte Räucherstoffe, zum Beispiel Kiefern- oder Pinienharze, beim Verbrennen spritzen können. Zudem können glimmende Pflanzenteile, beispielsweise von Kräutern oder Blüten, bei Luftzug relativ leicht davon geweht werden. Der Platz, an dem Sie räuchern, sollte daher frei von leicht entzündlichen Gegenständen oder Stoffen sein. Auch sollten sich möglichst keine Gardinen, Vorhänge oder Polster in unmittelbarer Nähe befinden. Stellen Sie außerdem das Räuchergefäß immer auf einen feuerfesten Untergrund, zum Beispiel auf ein metallenes Tablett.

Folgen Sie einfach Ihrem Gefühl, und gestalten Sie einen Ort, der Sie zum Verweilen einlädt und dazu, ruhig zu werden, nach innen zu gehen und sich etwas Gutes zu tun.

Räuchern in der Natur

Natürlich können Sie auch im Freien, zum Beispiel am Lagerfeuer räuchern. Sie benötigen dann ein glühendes Stück Holz, auf das Sie Ihre Räucherstoffe legen können. Werfen Sie Harze oder Hölzer nicht einfach ins offene Feuer! Sie würden einfach nur verbrennen – und Ihnen kaum ein nennenswertes Dufterlebnis bescheren.

Statt auf Holz können Sie auch auf einem flachen Stein räuchern, den Sie an den Rand des Feuers legen.

Alternativ bieten sich für das Räuchern in der Natur auch Räucherstäbchen an, da sie leicht mitzunehmen und außer einem Feuerzeug keine weiteren Utensilien nötig sind.

Räuchern in Gemeinschaft

Ein Räucherritual kann eine sehr intime Angelegenheit sein, wenn Sie sich mit einem heiklen oder schmerzhaften Thema befassen oder auch, wenn Sie das Ritual ungestört allein oder zu zweit einfach nur genießen möchten. Es kann aber genauso gut als Gemeinschaftserlebnis dienen, das eine Gruppe enger verbindet und eine Atmosphäre schafft, die alle Anwesenden in eine besondere Stimmung versetzt.

Dieses gemeinsame Erleben kann am Lagerfeuer ebenso geschehen wie in einem Seminarraum oder im Wohnzimmer. Anlässe sind hier viele denkbar: Zum Beispiel das gemeinsame Räuchern zum Auftakt eines Seminars oder eines Workshops. Hier hilft der Rauch, alle aufeinander und auf das Kommende einzustimmen, und trägt als sinnlicher Akzent dazu bei, den Alltag vor der Tür zu lassen und sich auf etwas ganz Neues einzustellen. Auch Jahresfeste wie Silvester beziehungsweise Neujahr sind eine gute Gelegenheit, um mit Familie und Freunden zusammenzukommen, das Alte zu verabschieden und das Neue willkommen zu heißen. Die sinnliche, anregende und erhebende Stimmung, die durch das Räucherwerk entsteht, ist hier eine wunderbare Möglichkeit für alle Anwesenden, in sich zu gehen, Resümee zu ziehen und in unmittelbaren Kontakt mit sich selbst, der Natur und anderen zu treten. Die Räucherdüfte machen es leicht, die Ebene des Verstandes zu verlassen und sich auf einer tieferen Ebene zu besinnen und einzustimmen. So kann ein einzigartiges, intensives Gruppenerlebnis möglich werden, das sicher keiner der Anwesenden so schnell wieder vergisst.

Das Räucherwerk

Das Wichtigste beim Räuchern ist – natürlich! – das Räucherwerk. Ausführliche Informationen dazu finden Sie ab Seite 82ff. Hier sei zunächst einmal das Grundsätzliche erwähnt.

Wenn Sie sich der Praxis des Räucherns zuwenden und Ihre ersten Räucherexperimente wagen, ist es ratsam, mit Einzelstoffen und nicht mit Räuchermischungen zu beginnen. Unsere Nasen sind die intensiven Dufterfahrungen meist kaum gewohnt. Gehen Sie deshalb langsam vor, dosieren Sie vorsichtig, und probieren Sie zunächst einige Substanzen aus, die angenehm und harmonisch duften: Am besten die »Klassiker« Weihrauchharz, Sandelholz, indianische Wacholderspitzen oder Salbei.

Harze

Die ursprünglichen und meistverwendeten Räucherstoffe sind Harze – zuallererst das Weihrauchharz. Der Begriff »Weihrauch« wird häufig auch verallgemeinernd für Räucherwerk verwendet, es gibt jedoch ganz bestimmte Baumharze, die den Namen

»Weihrauch« tragen und von Bäumen der Art *Boswellia* stammen.

Andere bekannte Harze sind Myrrhe, Mastix, Drachenblut, Dammar und südamerikanischer Copal. Ursprünglich wurde in unseren Breiten auch das Harz von Tannenbäumen verräuchert, das bis heute für die Herstellung deutscher Räucherkerzen verwendet wird. Sie können getrost beim nächsten Waldspaziergang ein paar Harz»tränen« von Stamm oder Zapfen sammeln und sie dann verräuchern.

Alle Harze eignen sich gut als Einzelstoffe oder zur Mischung mit anderen Substanzen, beispielsweise mit Hölzern und Kräutern.

Fangen Sie langsam an

Harze sind die am intensivsten duftenden Räucherstoffe, manche von ihnen können auch sehr viel Rauch entwickeln. Gehen Sie daher anfangs sparsam mit ihnen um. Finden Sie zunächst heraus, welche Harz-Düfte Sie mögen – und welche nicht – und wie viel Sie davon vertragen können. Schließlich enthalten alle Pflanzenstoffe auch wirksame Substanzen, die Sie beim Räuchern inhalieren.

Hölzer

Einige Hölzer haben einen hohen Anteil an ätherischen Ölen und duften äußerst angenehm, wenn sie auf Kohle oder Stövchen verglimmen. Das sicherlich bekannteste Duftholz ist das Sandelholz. Weniger bekannt, dafür aber besonders köstlich – und auch besonders hochpreisig – ist das so genannte Adler- oder Aloeholz. Es ist in jedem Fall einen Versuch wert!

Wurzeln, Kräuter, Samen, Blüten …

Die größte Gruppe der Räucherstoffe bildet neben den Harzen die Gruppe der Wurzeln, Kräuter, Samen, Blüten, Nadeln, Beeren und anderer getrockneter Pflanzenteile. Im Grunde sind alle Stoffe, die in der Kräuterheilkunde eine Rolle spielen, auch in der Räucherung einsetzbar.

Schauen Sie für Ihre ersten Räucherversuche einfach mal in Ihr Küchenkräuter-Regal. Hier entdecken Sie sicherlich einiges, was sich gut verwenden lässt: zum Beispiel Zimt (gemahlen oder als Rindenstücke), Wacholderbeeren (im Mörser zerstoßen, bevor Sie sie auf die Kohle legen), Zitronengras, Kardamom, Kreuzkümmel, Rosmarin, Muskatnuss, Pfefferminze oder Salbei.

Neben diesen Kostbarkeiten in Ihrem Küchenschrank finden Sie weitere auf heimischen Wiesen oder natürlich im Fachgeschäft. Besonders die indianischen (nordamerikanischen) Kräuter seien Ihnen ans Herz gelegt. Sie haben in der Regel ein besonders intensives, »grünes« Aroma, das in hohem Maße die Sinne erfreut.

Achten Sie bitte immer darauf, dass selbst geerntete Kräuter gut getrocknet sind, bevor Sie sie verräuchern. Sie kennen den Effekt vom Kamin oder Lagerfeuer: Holz oder Blätter, die noch Saft enthalten, funken und spritzen wild umher. In der Wohnung ist dieser Effekt eher unangenehm und mitunter sogar gefährlich.

Räuchermischungen

Räuchermischungen können Sie zum einen selbst herstellen. Dazu gehört in jedem Fall ein wenig Experimentierfreude. Informationen, welche Stoffe in welcher Weise wirken, beziehungsweise zu welchem Zweck entsprechende Substanzen empfohlen werden, finden Sie bei den Ritualvorschlägen ab Seite 58 sowie bei den Beschreibungen der Räucherstoffe ab Seite 82ff.. Aber Sie können Räuchermischungen natürlich auch kaufen. Die Auswahl ist mittlerweile sehr groß. In fast jedem Esoterikladen, auf Mittelalter- und anderen Jahrmärkten sowie im Versandhandel finden Sie Mischungen zu verschiedensten Gelegenheiten und Lebensthemen – vom Klassiker »Rei-

Darauf sollten Sie beim Einkauf achten

- Meiden Sie pulverisierte Räuchermischungen, denn die aromatischen Öle verflüchtigen sich sehr schnell, wenn der Ausgangsstoff bereits zermahlen ist. Bei einem Pulver ist außerdem kaum ersichtlich, was sich alles in der Mischung befindet. Es könnten einfache Holzspäne sein, aber auch weniger harmlose, minderwertige Streckmittel unbestimmter Herkunft.
- Wählen Sie Mischungen, bei denen klar ausgewiesen ist, dass es sich bei den verwendeten Rohstoffen um reine, unbehandelte, natürliche Substanzen handelt, die frei von »naturidentischen« oder synthetischen Aromastoffen sind. Diese können beim Verbrennen gesundheitsschädlich sein. Auch natürliche ätherische Öle sollten in einer Räuchermischung mit hochwertigen Inhaltsstoffen eigentlich nicht enthalten sein.

nigung« über Energie-, Schutz-, Heil-, Visions- und Meditationsräucherungen bis hin zu Mischungen für Sternzeichen, Planeten, Mondphasen, für Liebe, Trauer, Gebet, Entspannung oder Kreativität. Vermutlich gibt es kaum noch Themen, zu denen Sie keine passende Räuchermischung im Handel finden.

Das brauchen Sie zum Räuchern

Außer hochwertigem Räucherwerk gibt es noch einige Utensilien, die bei einer Räucherung nicht fehlen dürfen.

Einkaufsliste

- Räucherstoffe
- Räuchergefäß
- Räucherkohle (selbstentzündlich)
- Sand oder Asche
- Mörser
- Feder
- Pinzette
- Weihrauchlöffel

Räuchergefäß

Zum Räuchern eignet sich grundsätzlich jedes feuerfeste Gefäß. Am gebräuchlichsten und auch am meisten zu empfehlen sind Schalen aus Ton, Porzellan, Steinzeug oder Keramik, die Sie im Fachhandel bekommen. Ein hochwertiges Gefäß erfüllt nicht nur ästhetische Ansprüche, es rechtfertigt seinen Preis auch durch Langlebigkeit und die Tatsache, dass es, wenn man es erhitzt, keine Schadstoffe freisetzt.

Auch Gefäße aus Metall sind beliebt, jedoch wegen der Wärmeleitung mit Vorsicht zu benutzen.

Grundsätzlich gilt:

- Das Gefäß sollte einen Henkel oder einen Fuß haben, damit Sie es gefahrlos in die Hand nehmen und eventuell auch umhertragen können.
- Das Räuchergefäß sollte groß genug sein, mindestens zehn Zentimeter im Durchmesser, um es mit einer ausreichenden Menge Sand füllen zu können.
- Das Gefäß sollte stabil genug sein, um nicht zu kippen.

Ungeeignete Räuchergefäße

Glasaschenbecher oder -gefäße gehören *nicht* zu den geeigneten Räuchergefäßen! Die Räucherkohle wird bis zu 600° C heiß. Ein Glasaschenbecher zerspringt bei dieser Temperatur in tausend Stücke.

Räucherkohle

Am leichtesten zu handhaben ist selbstentzündliche Räucherkohle in Tablettenform, die Sie in Esoterikgeschäften, im Devotionalienhandel und auf diversen Mittelalter- und Jahrmärkten bekommen. Es gibt sie in verschiedenen Größen in Packungen zu zehn

So entzünden Sie die Kohle

So zünden Sie die selbstentzündliche Kohle an:

1. Halten Sie das Kohlestück mit einer Pinzette über eine Kerze oder die Flamme eines Feuerzeugs – und zwar so lange, bis sie anfängt zu funken und zu knistern.
2. Halten Sie nun die Kohle über das Räuchergefäß, und warten Sie noch ein wenig, bis sich das Funken über das gesamte Kohlestück ausgebreitet hat.
3. Legen Sie dann die Kohle auf den Sand ins Räuchergefäß.
4. Lassen Sie die Kohle durchglühen, bis die Oberfläche weiß geworden ist.
5. Jetzt ist es so weit: Sie können etwas Räucherwerk auf die Kohle geben.

Stück. Für eine normale Räucherung reicht in der Regel die kleinste Größe aus. Sie glüht etwa zwanzig bis dreißig Minuten.

Das Kaliumnitrat oder Magnesiumsulfat, mit dem die Kohle getränkt ist, entzündet sich sehr schnell und lässt die Kohle gleichmäßig und rasch durchglühen. Einziger Nachteil: Es hat einen leichten Eigengeruch, der jedoch kurze Zeit nach dem Anzünden verfliegt.

Wen der Geruch der selbstentzündlichen Kohle stört oder wer es völlig stilecht möchte, der kann ja-

Die Alternative: Räuchern auf dem Stövchen

Das Räuchern auf Kohle ist eine sehr traditionelle Angelegenheit, so wird seit Urzeiten geräuchert. Dabei knistert und raucht es, und die Pflanzenstoffe setzen mit Macht ihre Inhaltsstoffe frei. Diese Art des Räucherns ist kraftvoll und intensiv.

Wem das (zuweilen) zu intensiv ist, dem sei als sanftere Alternative das Räucherstövchen empfohlen. Sie können es sich vorstellen wie eine Duftlampe, bei der ein Metallgitter das Wassergefäß ersetzt. Über der Flamme des Teelichts verbrennen die Substanzen wesentlich langsamer. Der Duft wird sanfter freigesetzt und dadurch feiner. Gleichzeitig entsteht deutlich weniger Rauch als beim Räuchern auf Kohle. Ein Räucherstövchen empfiehlt sich auch, wenn Sie besonders edle und teure oder besonders feine Substanzen wie Rosenblätter oder Kräuter verräuchern möchten.

Ein Räucherstövchen können Sie käuflich erwerben. Sie finden es dort, wo auch andere Räuchergefäße angeboten werden. Optimal ist ein Gefäß, das etwa zehn Zentimeter hoch ist.

Wenn Sie eine Duftlampe im Schrank haben, können Sie ein Räucherstövchen auch selbst herstellen: Entfernen Sie das Wasserschälchen, und legen Sie ein feinmaschiges Metallgitter auf die Lampe. Das Gitter darf nicht zu großmaschig sein, sonst kann beispielsweise Harz hindurchtropfen. Um das zu verhindern – und auch, dass das Gitter verklebt –, können Sie auch ein Stück Alufolie auf das Gitter legen.

Geschieht es dennoch einmal, dass das Gitter mit Harzresten verklebt, brennen Sie diese beidseitig ab, und entfernen Sie sie mit einer Metallbürste.

panische Zeremonialkohle benutzen. Sie hat keinen Eigengeruch, ist feiner, jedoch auch schwieriger in der Handhabung, denn sie muss einige Minuten lang konstant befächelt werden, um nicht zu erlöschen.
Tipp: Welche Räucherkohle auch immer Sie benutzen, bewahren Sie sie immer geschützt und gut verschlossen an einem sicheren, trockenen Ort auf.

Sand oder Asche

Sand gehört aus verschiedenen Gründen ins Räuchergefäß. Zum einen hält er das Gefäß sauber; Ruß oder Harzreste können sich nicht an der Schale festsetzen oder gar einbrennen. Zum zweiten schützt der Sand unter der heißen Räucherkohle die Schale vor Überhitzung – und bewahrt Sie davor, sich die Finger zu verbrennen. Und schließlich sorgt der Sand im Räuchergefäß dafür, dass die Kohle von unten gut belüftet und damit lange und gleichmäßig am Glimmen gehalten wird.

Geben Sie ungefähr eine Kaffeetasse Sand ins Räuchergefäß. Dazu eignet sich jede Art von Sand: Vogelsand aus der Zoohandlung, Quarzsand aus dem Baumarkt, ein Tässchen aus dem Sandkasten auf dem Spielplatz um die Ecke oder natürlich Meersand vom letzten Urlaub.

Alternativ können Sie (gesiebte) Asche verwenden; es gibt sie im Fachhandel oder direkt bei den Herstellern feiner japanischer Räucherwaren. Offenkundiger Nachteil der Asche ist, dass sie sehr leicht auffliegt, wenn Sie die Kohle befächeln oder den Rauch mit der Feder im Raum verteilen möchten.

Ob Sie nun Sand oder Asche verwenden: Säubern oder entsorgen Sie sie nach der Räucherung. Achten Sie dabei unbedingt darauf, dass keine glimmenden Reste mehr darunter sind. Warten Sie mit der Entsorgung sicherheitshalber mindestens bis ein bis zwei Stunden nach der Räucherung. Die Kohle sollten Sie ohnehin getrennt entsorgen und am besten mit Wasser löschen.

Mörser

Einen Mörser brauchen Sie vor allem dann, wenn Sie mit Räuchermischungen arbeiten wollen – seien sie selbst gemischt oder fertig gekauft. Mit dem Mörser zerkleinern Sie die Substanzen und mischen sie gleichmäßig durch. So können Sie eine Mischung fein dosieren und sichergehen, dass alle Bestandteile enthalten sind.

Zerkleinern Sie immer nur eine kleine Menge einer Räuchermischung, und das direkt, bevor Sie diese auf die Kohle geben. So ist gewährleistet, dass keine wertvollen Aromastoffe verloren gehen.

Geeignet sind besonders schwerere Steinmörser, mit denen Sie auch kleine Holz- oder Wurzelstücke klein mahlen können. Oder verwenden Sie einen der kleinen Porzellanmörser, wie sie normalerweise in Apotheken angeboten werden.

Pinzette

Besorgen Sie sich am besten eine lange Pinzette aus der Apotheke, dem Laborfachhandel oder aus einem japanischen Räucherbesteck-Set. Mit ihr können Sie die Kohle gut und sicher über der Flamme erhitzen und – wenn Sie auf Nummer sicher gehen wollen – das noch glimmende Kohlestück nach der Räucherung aus der Schale nehmen und unter Wasser löschen.

Löffel

Mit einem Löffel können Sie die im Mörser zerstoßene Räuchermischung oder auch unzerkleinerte Substanzen auf die glühende Kohle legen – und verkohlte Harz- oder Holzreste, die bereits alle Aromastoffe von sich gegeben haben, von der Räucherkohle nehmen.

Theoretisch eignet sich dazu jeder Löffel, der nicht anbrennt oder übermäßig verkohlt: ein ganz normaler Edelstahllöffel oder auch ein stilvoller Weihrauchlöffel aus dem Handel. Manche schwören auch auf Perlmuttlöffel, da sie sich bei der Berührung mit dem Feuer nicht verändern und auch keine Räuchersubstanzen an ihnen kleben bleiben.

Feder

Last but not least sollten Sie sich eine schöne Vogelfeder besorgen. Vielleicht finden Sie eine auf Ihrem nächsten Spaziergang, oder Sie erwerben eine, zum Beispiel in einem Geschäft, das indianische (Ritual-) Gegenstände verkauft.

Eine Feder ist das optimale Werkzeug, um Rauch im Zimmer zu verteilen – zum Beispiel bei einer Reinigungsräucherung – oder um ihn sich selbst zuzufächeln, beispielsweise bei einer Schutz- oder Heilungsräucherung.

Räucherrituale

Räuchern und Ritual sind nicht voneinander zu trennen – jedenfalls solange es um das Räuchern auf Kohle geht. Ein Räucherstäbchen kann man anzünden und dann weiter in einem Buch lesen oder mit Freunden Tee trinken. Beim Räuchern auf Kohle ist dies kaum möglich, weil das »urtümliche« Räuchern schon vom Ablauf her zu aufwendig ist, um eine Nebensache zu sein. Wie Sie in den vorhergehenden Abschnitten gelesen haben, sind zahlreiche Utensilien und »Arbeitsschritte« notwendig, bis das Räucherwerk seinen Duft freisetzen kann. Allein diese sich immer wiederholenden Schritte und die bewusste Auswahl der Räucherstoffe (mehr dazu ab Seite 77) besitzen Ritualcharakter und setzen sich fort in einem kleineren oder größeren Ritual, das Sie selbst gestalten können.

Die ätherischen Öle, die möglicherweise in den Räuchersubstanzen enthalten sind und die in der Räucherung frei werden, entfalten zwar ohne weiteres Zutun ihre entspannende, anregende oder heil-

So räuchern Sie – Schritt für Schritt

Hier eine Kurzanleitung zum Räuchern – Schritt für Schritt:

1. Nehmen Sie sich etwa 15 bis 20 Minuten Zeit.
2. Legen Sie die Räucherutensilien bereit.
3. Werden Sie sich über Ihr Anliegen klar.
4. Wählen Sie die Räucherstoffe oder -mischung aus.
5. Geben Sie Sand in das Räuchergefäß.

6. Wenn Sie möchten, legen Sie eine zu Ihrem Anliegen passende Musik auf und zünden Sie Kerzen an.
7. Nehmen Sie mit der Pinzette ein Kohlestück, zünden Sie es an, und legen Sie es auf den Sand ins Räuchergefäß.
8. Zerstoßen Sie die Räucherstoffe im Mörser (es sei denn, Sie verbrennen nur eine einzelne Substanz).
9. Wenn die Kohle durchgeglüht ist, geben Sie mit einem Löffel etwas Räucherwerk darauf.
10. Nun ist es Zeit für Ihr Ritual.
11. Entfernen Sie das Räucherwerk von der Kohle, sobald es verkohlt ist und nicht mehr gut riecht. Legen Sie nach Wunsch neues auf.
12. Beachten Sie nach dem Ritual, dass die Kohle noch mindestens eine halbe bis eine ganze Stunde weiterglüht. Lassen Sie sie daher im Räuchergefäß, bis sie erkaltet ist, oder nehmen Sie sie mit der Pinzette heraus und halten Sie sie unter fließendes Wasser.
13. Lüften Sie.

same Wirkung, doch können und sollten Sie das Räuchern darüber hinaus dazu nutzen, um eine ganz bestimmte, Ihnen förderliche Atmosphäre zu schaffen. Anregungen und Vorschläge, wie Sie zum Beispiel Ihr persönliches Heil-, Schutz- oder Wunschritual gestalten können, finden Sie unten im Folgenden:

Reinigungsritual

Die Reinigung ist der Klassiker unter den Räucherungen. Nichts reinigt die Atmosphäre so gründlich und nachhaltig wie eine Räucherung. Der kraftvolle Rauch fegt eine »dicke Luft« ebenso hinweg wie Onkel Richards Aftershave oder die Hinterlassenschaften einer ganzen Geburtstagsgesellschaft – seien sie geruchlicher oder energetischer Art. Es gibt aber noch viele weitere Situationen, in denen eine Reinigungsräucherung sinnvoll und wohl tuend sein kann, zum Beispiel:

- Nach einem Streit, einer Trauerphase oder anderen schwierigen oder unangenehmen Situationen, um sie bewusst zu verabschieden und abzuschließen.
- Nach einer Krankheit, um die Luft zu reinigen.
- Wenn Sie eine neue Wohnung oder ein Haus beziehen, um alles, was der Vormieter hier erlebt

und an atmosphärischen Schwingungen hinterlassen hat, zu beseitigen.
- Wenn eine intensive Arbeitsphase abgeschlossen und das Projekt aus dem Haus ist, um den Raum zu neutralisieren und Platz für Neues zu schaffen.

Geeignete Räucherstoffe für Reinigungsrituale

Bernstein
Dammar
Gewürznelke
Kampfer
Lavendel
Rosmarin
Salbei
Wacholderbeeren
Wacholderzweige
Weihrauch
Ysop

Tipp: Wenn Sie nur einen Räucherstoff verwenden möchten, wählen Sie Weihrauch, Kampfer oder Bernstein. Beachten Sie beim Bernstein, dass er einen sehr beißenden Geruch entfaltet. Dafür ist dann aber der Reinigungseffekt auch durchschlagend.

So könnte Ihr Reinigungsritual aussehen:
- Legen Sie nach Wunsch kraftvolle, dynamische oder harmonisierende Musik auf.

- Nehmen Sie sich einen Moment der Ruhe, und werden Sie innerlich still.
- Entzünden Sie den reinigenden Rauch, und denken Sie an das, was Sie verabschieden möchten – den Streit, den Stress, die Energien von Freunden, Verwandten oder Kunden, den Krankheitsmief, die unangenehmen Gerüche oder Schwingungen in diesem Raum.
- Nehmen Sie nun die Schale in die eine, Ihre Feder in die andere Hand, und fächeln Sie den Rauch in jede Ecke und jeden Winkel des Raumes oder der gesamten Wohnung.
- Sie können, wenn Sie möchten, auch nochmals laut aussprechen, was Sie nun aus Ihrem Umfeld gehen lassen wollen.
- Wenn Sie nun das Zimmer oder das Haus verlassen, lassen Sie den Rauch noch »nachwirken« und lüften Sie erst, wenn Sie zurückkommen. Wenn Sie sich dagegen nach der Räucherung weiter in dem Raum oder der Wohnung aufhalten möchten, lüften Sie gleich kräftig durch. Stellen Sie sich vor, dass dabei die letzten Reste der energetischen »Verunreinigungen« mit dem Rauch zum Fenster hinauswehen.

Heilungsritual

Räucherungen haben in schamanischen Heilungsritualen schon immer eine wichtige Rolle gespielt. Doch man braucht kein Schamane zu sein, um sich die Kraft der Räucherstoffe zunutze zu machen.

Bei einem Heilungsritual ist es zunächst nicht wichtig, ob es um die Heilung eines körperlichen oder eines seelischen Problems geht. (Dass die Behandlung einer körperlichen Krankheit in die Hände eines Arztes oder Heilpraktikers gehört, muss hier wohl nicht extra erwähnt werden.) Denn Ziel der

Geeignete Räucherstoffe für Heilungsrituale

- Benzoe
- Dammar
- Johanniskraut
- Kamillenblüten
- Kampfer
- Labdanum
- Lavendel
- Myrrhe
- Myrte
- Propolis
- Salbei
- Styrax
- Tolubalsam
- Weihrauch
- White Sage
- Zedernholz
- Zimt

Räucherung ist es, die eigene Mitte und damit neues Vertrauen zu finden, das heißt, sich selbst und seine Selbstheilungskräfte zu stärken.

Tatsächlich haben die Räucherstoffe auch pharmakologische Wirkungen, auf die wir im Rahmen dieses Buches jedoch nicht ausführlich eingehen können. Aber Sie können auch hier eigene Erfahrungen sammeln. Kampfer beispielsweise ist in vielen Salben enthalten, die die Atemwege befreien, folglich können Sie zum Beispiel bei einer akuten Erkältung auch Kampfer verräuchern und (vorsichtig) inhalieren. Erforschen Sie, was Ihnen gut tut!

So könnte Ihr Heilungsritual aussehen:

- Wählen Sie nach Wunsch eine passende Musik aus. Stellen Sie eine wohlige, geborgene Atmosphäre her, indem Sie das Licht dämpfen und Kerzen anzünden.
- Entzünden Sie den heilsamen und unterstützenden Rauch.
- Machen Sie sich bewusst, dass Krankheit, Schmerzen oder eine aus dem Gleichgewicht geratene Psyche die Art und Weise ist, wie Ihre Seele mit Ihnen kommuniziert, um Ihnen zu sagen, dass Sie »vom rechten Weg« abgekommen sind und sich dringend um sich kümmern müssen. Horchen Sie in sich hinein, und hören Sie die Bot-

schaft. Was fehlt Ihnen, was müssen Sie tun, um wieder ins Lot zu kommen? Die Antwort liegt in Ihnen selbst. Sie müssen sie nur zulassen. Nehmen Sie sich dafür ausreichend Zeit.

- Fächeln Sie sich mit der Feder den Heilungsrauch zu, und hüllen Sie sich ganz darin ein.
- Stellen Sie sich dann vor, wie der abziehende Rauch Ihre Sorgen und Beschwerden mit sich nimmt und Sie geklärt und gestärkt zurücklässt.

Ritual zum Dank

Albert Schweitzer hat einmal gesagt: »Dankbar sein für *alles*, wer das gelernt hat, der weiß, was leben heißt.« Ob man es zu solcher Meisterschaft bringt, sei dahingestellt. Zum allgemeinen Wohlbefinden und zu einem zufriedenen Leben gehört jedoch in jedem Fall, sich der positiven Dinge, der schönen Be-

Geeignete Räucherstoffe für Dankesrituale

Benzoe	Patchouli
Lavendelblüten	Rosenblüten
Lorbeer	Sandelholz
Mastix	Weihrauch
Myrrhe	Zimt

gegnungen, der wichtigen Menschen in seinem Umfeld und der kleinen Geschenke des Alltags bewusst zu sein.

So könnte Ihr Dankesritual aussehen:

- Machen Sie dieses Ritual am Abend.
- Sorgen Sie für eine wohlige, warme, erhebende Stimmung. Wenn Sie möchten, suchen Sie harmonische Musik aus, die Frieden und Freude verbreitet; zünden Sie eine Kerze an.
- Legen Sie Papier und Stift bereit.
- Entzünden Sie den Rauch des Dankes.
- Werden Sie innerlich ruhig. Entspannen Sie sich, indem Sie einige Male tief einatmen und beim Ausatmen alle Anspannung gehen lassen.
- Lassen Sie nun den vergangenen Tag vor Ihrem geistigen Auge Revue passieren. Welche waren die drei berührendsten, schönsten, innigsten, vielleicht auch erheiterndsten Momente dieses Tages? Für welche drei Begegnungen, Situationen, Ereignisse sind Sie heute besonders dankbar? Schreiben Sie sie auf.
- Es ist sinnvoll, dieses Ritual regelmäßig durchzuführen, vielleicht eine Woche lang jeden Tag oder zwei Monate lang einmal pro Woche. Es wird auf Dauer Ihren Blick für die schönen Dinge des Lebens schärfen.

Schutzritual

Gründe, sich zu schützen, gibt es genügend – gegen nervige oder aggressive Menschen, gegen übermäßige Anforderungen oder Erwartungen der Außenwelt, gegen die unzähligen Reize und Eindrücke, die täglich auf uns einströmen. Vielleicht gibt es in Ihrem Leben auch einen ganz bestimmten Menschen oder eine Dynamik, die Ihnen nicht gut tut und gegen die Sie sich klar abgrenzen möchten. Vielleicht müssen Sie sich auch ein wenig vor sich selbst schützen, wenn Sie zum Beispiel zu hohe Ansprüche an sich selbst haben, sich leicht überfordern usw.

Ein Schutzritual kann helfen, sich mental und emotional zu stärken und solchen Tendenzen bewusst entgegenzutreten.

Geeignete Räucherstoffe für Schutzrituale

Drachenblut
Guggul
Knoblauchschalen
Lorbeer
Myrrhe
Rosmarin
Thymian
Wacholderbeeren
Wacholderspitzen
Weihrauch

So könnte Ihr Schutzritual aussehen:

- Schaffen Sie eine ruhige, geschützte Atmosphäre. Wählen Sie dafür, wenn Sie möchten, geeignete Musik aus, die beruhigend, aber auch kraftvoll ist. Zünden Sie Kerzen an.
- Entzünden Sie den schützenden Rauch.
- Werden Sie innerlich ruhig, und besinnen Sie sich auf die Person oder den äußeren Einfluss, gegen den Sie sich schützen möchten. Es ist dabei nicht wichtig, ob Sie ganz genau wissen, was Sie an dieser Person stört oder warum Ihnen eine bestimmte Situation unangenehm ist. Vertrauen Sie Ihrem Gefühl, und erlauben Sie sich, sich klar dagegen abzugrenzen.
- Nehmen Sie nun die Feder oder Ihre Hände, und hüllen Sie sich mit dem schützenden Rauch ein. Stellen Sie sich vor, dass er sich um Sie legt wie ein schützender Kokon – undurchdringlich für negative Einflüsse.
- Wenn Sie das Gefühl haben, dass Ihr Kokon stark genug ist, schließen Sie das Ritual ab. Der schützende Kokon bleibt bei Ihnen, auch wenn Sie den Rauch nun zum Fenster hinauslassen.

Wunschritual

Die Macht des Wünschens ist spätestens seit den »Bestellungen beim Universum« von Bärbel Mohr wieder in unser aller Bewusstsein. Der Glaube versetzt Berge, und Wünschen ist ja so eine Art Glaube. Wenn man nicht fest daran glaubt, dass etwas, was man sich sehnlichst wünscht, tatsächlich wahr wird, dann hat ein Wunsch auch keine Kraft. Um einem Wunsch Kraft und Macht zu verleihen, ist ein Räucherritual ein äußerst probates Mittel.

Geeignete Räucherstoffe für Wunschrituale

Goldcopal
Guggul
Lorbeer
Mastix
Mistel
Muskatnuss
Myrrhe
Sandelholz
Wegwarte
Weihrauch

Tipp: Wenn Sie nur einen Räucherstoff verwenden möchten, wählen Sie Goldcopal, Mastix oder Weihrauch. Alle drei enthalten Substanzen, die das Bewusstsein sanft erweitern und Sie so in die richtige Stimmung für kraftvolles Wünschen versetzen.

So könnte Ihr Wunschritual aussehen:

- Schaffen Sie eine angenehme Atmosphäre, indem Sie geeignete Musik auflegen und Kerzen anzünden. Es darf ruhig etwas Magie in der Luft liegen!
- Suchen Sie sich ein Symbol aus, das Ihren Wunsch repräsentiert: beispielsweise ein Foto, eine Figur, ein Bild aus einer Zeitschrift, einen speziellen Gegenstand etc., und stellen oder legen Sie es zu Ihren Räucherutensilien auf einen speziellen Platz.
- Entzünden Sie den Rauch der Wünsche.
- Werden Sie innerlich ganz still, schließen Sie die Augen, und lassen Sie Ihren Wunsch in sich lebendig werden. Stellen Sie sich nun in allen Einzelheiten vor, wie Ihre Welt aussähe, wenn der Wunsch bereits wahr wäre. Sehen Sie, was Sie dann sehen würden, hören Sie, was Sie dann hören würden, fühlen Sie, wie Sie sich dann fühlen würden … Nehmen Sie sich dafür ausreichend Zeit. Schwelgen Sie in den Bildern und Emotionen.
- Wenn Sie das Gefühl haben, dass Ihr Wunschbild nicht mehr lebendiger werden kann, öffnen Sie die Augen, und betrachten Sie Ihr Wunschsymbol. Halten Sie es in den Rauch oder befächeln Sie es damit. Stellen Sie sich vor, wie der Rauch die Essenz Ihres Wunsches erfasst und mit sich trägt, in eine Sphäre, die den optimalen Nährboden für Ihren Wunsch bereithält.

Ritual zum Energietanken

Sie fühlen sich schlapp, kraft- oder mutlos oder einfach müde und abgeschlagen nach einem langen Tag? Frische Energie ist jederzeit zugänglich, zum Beispiel in Form von Räucherwerk, das anregend und vitalisierend wirkt.

Geeignete Räucherstoffe für Energierituale

Dammar	Lorbeer
Drachenblut	Mastix
Eisenkraut	Myrrhe
Gewürznelke	Rosmarin
Ingwerpulver	Sandelholz
Kalmus	Tannennadeln
Kampfer	Wacholder
Kardamom	Weihrauch

So könnte Ihr Ritual zum Energietanken aussehen:

- Schaffen Sie eine gute Atmosphäre. Legen Sie anregende, rhythmische Musik auf.
- Entzünden Sie den energetisierenden und vitalisierenden Rauch.
- Stehen Sie aufrecht und entspannt. Lassen Sie eine sanfte Schüttelbewegung in Ihrem Zentrum im

Unterbauch entstehen. Lassen Sie das Schütteln langsam stärker werden und Ihren gesamten Körper erfassen. Stellen Sie sich dabei vor, wie alle Müdigkeit, alles Belastende aus Ihnen herausgeschüttelt wird.

- Nun haben Sie Platz für frische Energie. Fächeln Sie sich reichlich von dem vitalisierenden Rauch zu, und spüren Sie, wie Sie zu neuen Kräften kommen.
- Bewegen Sie sich, wenn Sie möchten, noch eine Weile dynamisch zur Musik, und verbrennen Sie so viel Energie-Räucherwerk, wie es Ihnen gut tut.

Ritual für sinnliches Wohlbefinden

Die Seele baumeln lassen, die Sinne erfrischen und erfreuen, entspannen und einfach loslassen – solche Pausen vom Alltag, in denen man ausruhen und aufatmen kann und sich einfach etwas Gutes tut, sollten Sie sich regelmäßig gönnen.

Unten finden Sie dazu Räucherstoffe, die besonders lecker duften und die Sinne einladen, sich wie Rosenknospen zu öffnen – um einfach nur zu genießen.

Geeignete Räucherstoffe für Wohlfühlrituale

Adlerholz (Aloeholz)	Rosenblätter
Benzoe	Sandelholz
Labdanum	Tonkabohne
Myrrhe	Vetiver
Patchouli	Zimt

Tipp: Wenn Sie nur einen Räucherstoff verwenden möchten, wählen Sie Adlerholz. Es ist einer der vielfältigsten, schmeichelndsten und wohlduftendsten Räucherstoffe, die es auf dem Markt gibt. Außerdem wirkt Adler- oder Aloeholz entspannend und berauscht sanft die Sinne …

Und so könnte Ihr sinnliches Wohlfühlritual aussehen:

- Schaffen Sie eine sinnliche, entspannende Atmosphäre, indem Sie Wohlfühlmusik auflegen, das Licht dämpfen, Kerzen anzünden und vielleicht ein paar dicke Kissen oder eine Kuscheldecke bereitlegen.
- Dieses Ritual gilt ausschließlich Ihren Sinnen, vor allem natürlich dem Riechsinn. Entzünden Sie daher nun den wohlduftenden Rauch.
- Lehnen Sie sich entspannt zurück, schließen Sie

die Augen, und konzentrieren Sie sich vollständig auf Ihren Riechsinn. Finden Sie heraus, wie viel Rauch Ihnen angenehm ist, und fächeln Sie sich mehr oder weniger davon zu. Versuchen Sie, die verschiedenen Nuancen des Adlerholzes oder der gewählten Substanzen wahrzunehmen. Beobachten Sie, wie der Duft kommt und geht und sich verändert. Und achten Sie darauf, wie dieser Duft auf Sie wirkt, Sie entspannt, anregt, betört …

- Geben Sie sich diesem sinnlichen Dufterlebnis so lange hin, bis Sie es ausreichend erforscht und genossen haben.

Ritual zum Loslassen

Loslassen ist eine hohe Kunst und absolut notwendig für eine funktionierende Psychohygiene. Wer zu viel alten Ballast mit sich herumschleppt oder an Menschen, Dingen, Situationen hängt, die ihm nicht mehr gut tun oder dienlich sind, der bremst sich in seinem Wachstum und unterminiert sein Wohlbefinden. Trotz Einsicht fällt es jedoch oft unglaublich schwer, Dinge aus unserem Leben einfach gehen zu lassen – selbst wenn die Zeit (über-)reif ist. Ein Räucherritual kann hier äußerst hilfreich sein.

Geeignete Räucherstoffe für Loslassrituale

Benzoe	Opoponax
Dammar	Rosenblüte
Gewürznelke	Süßgras
Iriswurzel	Zimt
Myrrhe	Lavendel

Tipp: Wenn Sie nur einen Räucherstoff verwenden möchten, wählen Sie Iriswurzel. Der feinmilde, harmonisierende Duft des ätherischen Öls, das beim Räuchern freigesetzt wird, unterstützt Sie optimal beim Loslassen.

Und so könnte Ihr Loslassritual aussehen:

- Schaffen Sie eine geborgene, warme, unterstützende Atmosphäre. Stellen Sie das Telefon ab, legen Sie sanfte Musik auf. Dämpfen Sie das Licht; zünden Sie Kerzen an.
- Entzünden Sie den Rauch, der Sie beim Loslassen unterstützt.
- Werden Sie innerlich ruhig. Nehmen Sie einige tiefe Atemzüge, und kommen Sie ganz im gegenwärtigen Moment an. Spüren Sie in sich hinein: Was ist es, das Sie schon viel zu lange mit sich herumschleppen und das Sie mehr belastet als dass

es Sie nährt? Ist es eine alte Beziehung, die so nicht mehr funktioniert, die entweder beendet werden sollte oder einen Neuanfang braucht? Oder ist es ein schädliches Verhaltensmuster, das Sie gern über Bord werfen möchten? Oder vielleicht ist es auch etwas ganz anderes. Sie wissen schon, was ...

- Bedanken Sie sich für die Zeit, in der es Ihnen gut gedient bzw. gut getan hat. Verabschieden Sie sich jetzt ganz bewusst und entschieden davon.
- Lassen Sie ein Symbol in sich aufsteigen, das diese Beziehung, dieses Muster, diese Sache repräsentiert.
- Übergeben Sie dann das Symbol dem Rauch. Sehen Sie vor Ihrem geistigen Auge, wie es Ihren Organismus verlässt und vom Rauch für immer davongetragen wird.

Räucherstoffe

Die Auswahl an Räucherstoffen ist nahezu unerschöpflich. Wie Sie schon auf den Seiten 45 bis 47 gelesen haben, eignen sich dazu sehr viele Harze und Balsame, zahllose Kräuter, Samen, Blüten, Wurzeln, Nadeln, Rinden und andere Pflanzenteile sowie einige wenige Dufthölzer und getrocknete Früchte.

Tierische Räuchersubstanzen

In früherer Zeit waren tierische Räucherstoffe keine Seltenheit. Vor allem in magischen Räucherungen fanden sich die unglaublichsten Ingredienzen. Von Krähenfüßen über Froschaugen bis hin zum Blut eines neu geborenen Lamms war einiges in den alten Rezepten aufgeführt, was uns heute merkwürdig anmutet. Aber natürlich ging es bei dieser Art von Räucherung nicht darum, einen besonders exquisiten Duft zu erzeugen. Wobei dies bei zwei der wohl berühmtesten Duftnoten tierischen Ursprungs durchaus der Fall war: Amber (Ambra) und Moschus. Beide sind heute kaum mehr erhältlich – und wenn, dann zu unerschwinglichen Preisen.

Das kostbare Ambra stammt aus dem Darm des Pottwals. Es wird im Organismus des Wals produziert, um unverdauliche Teile von Schalentieren, die er als Nahrung zu sich nimmt, einzuschließen und auszuscheiden. Früher konnten Ambrabrocken auf dem Meer schwimmend oder am Strand gefunden werden. Da sich jedoch die Zahl der Pottwale stark dezimiert hat, kommt das heute nur noch sehr selten vor.

Moschus ist der Sexuallockstoff des Moschushirschen, der ausschließlich im Himalaja lebt und heute vom Aussterben bedroht ist. Der begehrte Duft-

Amber- und Moschusdüfte
Bei den astronomischen Preisen, die heute für Moschus oder Amber gezahlt werden müssen, liegt es auf der Hand, dass dort, wo diese auf dem Etikett von Räuchermischungen oder -stäbchen auftauchen, die zu »normalen« Preisen zu haben sind, etwas anderes enthalten sein muss: im Zweifelsfalle synthetische Duftstoffe, die in einer Räucherung nichts zu suchen haben. Deshalb: Finger weg von dieser minderwertigen Ware!

stoff war über viele Jahrhunderte hinweg fester Bestandteil kostbarer (aphrodisierender) Parfums und edler Räuchermischungen.

Wer diesen schweren, weichen und leicht süßen Duft dennoch in seiner Räuchermischung haben möchte, der kann Moschuskörner oder -kraut benutzen.

Wie Sie Ihre eigene Räuchermischung kreieren

In der folgenden Tabelle (Seite 82ff.) finden Sie die gebräuchlichsten Räucherstoffe, jeweils mit Angabe

Räucherstoffe für den Einstieg

Adlerholz (Aloeholz)	Salbei
Dammar	Sandelholz
Iriswurzel	Thymian
Kampfer	Wacholderbeeren
Mastix	Weihrauch
Myrrhe	Zimt
Rosmarin	

der Herkunft, der Duftnote und der Verwendungsmöglichkeiten und Wirkungen.

Lassen Sie sich davon inspirieren, und scheuen Sie sich nicht, Ihre ersten Eigenkreationen zu wagen. Die Vielfalt der Substanzen und Eigenschaften mag Sie zunächst überfordern, doch bereits nach den ersten gesammelten Erfahrungen wird das Zusammenstellen immer leichter.

Wählen Sie für den Anfang ein oder zwei Harze, ein oder zwei Hölzer und ein paar Kräuter aus. Im Kasten unten finden Sie einige Räucherstoffe, die für den Einstieg geeignet sind.

Beachten Sie bei Ihren Mischungen, dass die verschiedenen Stoffe verschieden lange brennen und auch unterschiedlich intensiv duften. Mischen Sie daher möglichst zu gleichen Teilen Harze, Hölzer und Wurzeln sowie Kräuter und andere Pflanzenteile. So bekommen Sie eine Mischung, die von Anfang bis Ende immer neue Akzente freisetzt.

Eine rundere, harmonischere Mischung erhalten Sie, wenn Sie alle Inhaltsstoffe im Mörser pulverisieren. Beginnen Sie dabei mit dem Stoff, der am leichtesten zu zerkleinern ist, und nehmen Sie denjenigen zuletzt, der am härtesten ist.

Ätherische Öle in der Räucherung

Wenn Sie möchten, können Sie Ihrer Räuchermischung auch echte, naturreine ätherische Öle beimischen. Dafür benötigen Sie allerdings eine Trägersubstanz. Als solche bietet sich vor allem Gummi arabicum an: Es hat kaum Eigengeruch und nimmt das Öl optimal auf. Vermischen Sie den Gummi arabicum mit etwas Wasser, geben Sie das ätherische Öl darauf, und verkneten Sie es zu kleinen Kügelchen, die Sie danach trocknen lassen. Diese Kügelchen können Sie dann Ihrer Räuchermischung beifügen.

Verzeichnis der Räucherstoffe

Räucherstoff	Herkunft	Duftnote	Verwendung/ Wirkung in der Räucherung
Harze und Balsame			
Amberbaumharz	Mexiko, Guatemala	Süß, vanilleartig, lieblich; ähnlich wie Styrax	fördert Träume
Benzoe	Sumatra, Java; Südostasien	zart, balsamisch, süß, vanilleartig	harmonisierend, entspannend; vermittelt Geborgenheit und Wärme; hilft bei Erkältungskrankheiten
Bernstein	Ostsee, Dominikanische Republik, Burma, Mexiko	kräftig, würzig, scharf	wirkt stark reinigend; ionisiert die Luft; gut für die Atemwege
Burgunderharz	Europa	stark würzig	desinfizierend, stärkend. (Vorsicht: entwickelt viel Rauch!)
Copaivabalsam	Südamerika	aromatisch, frisch	reinigend, anregend, aphrodisierend; gut für Haut und Atemwege
Copal (gold)	Südamerika	warm, mild, weihrauchartig	stimmungsaufhellend; fördert die Kreativität
Copal (schwarz)	Südamerika	erdig, intensiv »dunkel«	führt einen tief ins eigene Innere; wird traditionell zur Kontaktaufnahme mit Verstorbenen eingesetzt

Räucherstoff	Herkunft	Duftnote	Verwendung/ Wirkung in der Räucherung
Dammar	Malaysia, Indien, Südostasien	fruchtig, harzig, frisch, fein, zitrusartig, transparent	belebend, aufmunternd, stimmungsaufhellend, klärend, »lichtgebend«; hilft bei Schwermut, Traurigkeit, Melancholie, Depressionen
Drachenblut	Indien, Java, Borneo, Sumatra	bitter, intensiv, würzig	aphrodisierend; für Reinigungs- und Schutzrituale; stärkt das Durchsetzungsvermögen (Vorsicht: entwickelt starken Rauch; daher sparsam verwenden)
Elemi	tropisches Asien	angenehm süß, frisch, leicht, klar	erfrischend, erhebend, inspirierend; gut geeignet als Bindemittel in Räuchermischungen
Fichtenharz	Europa	intensiv, harzig, fruchtig	reinigend, desinfizierend
Galbanum	Iran, Afghanistan, Israel	kräftig, würzig, bitter, aromatisch	krampflösend, erleichtert die Menstruation; wirkt entspannend und beruhigend bei Angst und Unruhe
Guajak	Südamerika, Karibik	würzig, warm, angenehm	aphrodisierend, anregend, aufbauend

Räucherstoff	Herkunft	Duftnote	Verwendung/ Wirkung in der Räucherung
Guggul	Indien, Pakistan	aromatisch, süßlich	heilend, belebend; hilft bei Heuschnupfen, Schnupfen, verstopfter Nase, Bronchitis; unterstützt das Nervensystem; wirkt aphrodisierend, nährend, beruhigend
Jatoba	Lateinamerika	weihrauchähnlich	hilft bei Kopfschmerzen; wirkt anregend
Kiefernharz	Europa, Nordafrika	harzig, würzig, kraftvoll	für Schutzräucherungen; stärkt die Lungen; wirkt allgemein stärkend und aufbauend; unterstützt Kraft und Ausdauer; fördert die Durchblutung
Labdanum	Nordafrika, Kreta, Spanien, Frankreich	warm, weich, holzig, erdig, blumig, honigartig, fruchtig, vielfältig	wird oft einfach wegen seines Wohlgeruchs verräuchert; hochwertiger »Seelenbalsam«; wirkt erdend, sinnlich, wärmend
Lärchenharz	Europa	balsamisch, zart, fein	wirkt erneuernd, bringt gestaute Energien ins Fließen; geeignet für einen Neuanfang; schärft die Wahrnehmung; geeignet für Glücksräucherungen; schleimlösend

Räucherstoff	Herkunft	Duftnote	Verwendung/ Wirkung in der Räucherung
Mandelbaumgummi	Europa; Vorder- und Mittelasien	fruchtig, sanft, nussig, leicht süßlich	anregend, wärmend, aphrodisierend
Mastix	Griechenland, Mittelmeerraum	harzig, frisch, rein	heilsam, klärend, ausgleichend, erfrischend, aufhellend; für geistige Klarheit; macht innerlich wach
Myrrhe	Somalia, Jemen, Äthiopien, Eritrea, Sudan	würzig, herb, bitter	für Reinigung, Schutz und Heilung; wirkt beruhigend; aphrodisierend; hilft beim Einschlafen; fördert emotionale Wahrnehmung
Opoponax	Somalia	zart, leicht, lavendelartig	für Schutzräucherungen; sensibilisiert die Sinne und steigert die allgemeine Wahrnehmungsfähigkeit; regt die Fantasie an
Perubalsam	Mittelamerika	intensiv, schwer, balsamisch, süßlich	wärmend, einhüllend; wird nur in Mischungen verräuchert (Vorsicht: entwickelt sehr viel Rauch!)
Pinienharz	fast überall verbreitet	harzig, fruchtig	beruhigend, stärkend
Sandarac	Nordafrika, Spanien, Malta	balsamisch, warm, weihrauchartig	beruhigend, entkrampfend, entspannend; hilft bei Schnupfen/Katarrh, Schlafstörungen

Räucherstoff	Herkunft	Duftnote	Verwendung/ Wirkung in der Räucherung
Styrax	Kleinasien, Persien, Libanon, Griechenland, Türkei	süß, vanillig, lieblich	intensiviert und konserviert andere Räucherdüfte; wirkt schleimlösend; hilft bei Bronchitis; harmonisierend, entspannend, besänftigend
Tannenharz	Europa, Nordamerika, Kanada	kraftvoll, warm,grün, frisch, zitronig	wärmend; stärkt die Nerven; fördert den Mut; lindert Husten; für Schutzräucherungen
Tolubalsam	nördliches Südamerika	sanft, weich, aromatisch, vanilleartig	hilft bei asthmatischen und rheumatischen Beschwerden sowie bei Erkältungen; wirkt entspannend und aufhellend; stärkt das Selbstvertrauen
Wacholderharz	Europa, Asien, Nordamerika	frisch, würzig, aromatisch	reinigend, desinfizierend; traditionell bei ansteckenden Krankheiten angewendet; hilft bei Asthma, Rheuma, Schwermut
Weihrauch (Olibanum)	Gebiete am Roten Meer	schwer, süßlich	für Klarheit, Reinigung, Andacht, Meditation; steigert die Lern- und Gedächtnisleistung; hilft bei Husten und Erkältungen; wirkt anregend, aufbauend, heilsam, bewusstseinserweiternd, transformativ

Räucherstoff	Herkunft	Duftnote	Verwendung/ Wirkung in der Räucherung
Hölzer			
Adlerholz (Aloeholz, Jinkoh)	Indien	frisch, balsamisch-süß, fein, intensiv; sehr vielfältig	aphrodisierend, stimulierend, erhebend; für sinnliches Wohlbefinden, Andacht, Meditation; wirksam bei Asthma, Gicht, Rheuma
Eiche	weltweit verbreitet	würzig, warm, leicht aromatisch	stärkend, kräftigend, unterstützend
Guayak	Karibik	würzig, warm	aphrodisierend, anregend, potenzsteigernd, heilsam; hilft bei Erkältungen
Sandelholz (weiß)	Indien	weich, voll, hocharomatisch, leicht süßlich	zentriert; macht gelassen und ruhig; wirkt regenerierend; für Entspannung und Wohlbefinden, einfach zum Genießen; für Schutzräucherungen, zur Meditation und zur spirituellen Reinigung
Wacholder	Europa, Asien, Nordamerika	sanft, fein	stark reinigend
Zeder	Libanon, Südamerika, Europa	warm, würzig, aromatisch	harmonisierend, stärkend; schützt vor Albträumen; wirksamer Mottenschutz
Zypresse	Mittelmeerraum	frisch, grün, weich	stärkt und unterstützt in schwierigen Zeiten, bei Trauer und Abschied

Räucherstoff	Herkunft	Duftnote	Verwendung/ Wirkung in der Räucherung
Kräuter, Wurzeln, Blüten sowie andere Pflanzenteile und -stoffe			
Alant	Zentralasien	leicht, sanft, holzig	reinigend, harmonisierend, aufbauend, hustenlindernd; hilft bei Niedergeschlagenheit; für Schutz- und Heilräucherungen
Angelikawurzel	Mittel- und Nordeuropa	würzig, kraftvoll, erdig	erdend; starke Schutzwirkung; stärkt Immunsystem, Abwehrkräfte, Selbstvertrauen und allgemeines Wohlbefinden; lindert Angstzustände
Anis	östlicher Mittelmeerraum, Westasien	würzig, frisch	wärmt, entspannt, harmonisiert, tröstet, stimmt heiter; ein »Wohlfühlduft«
Apfel	Europa	süßlich, fruchtig-frischer Duft wie von Bratäpfeln	anregend, erfrischend, sinnlich; perfekter Winter- und Weihnachtsduft
Beifuß	Europa, Asien, Nordamerika	krautig, aromatisch, würzig	stärkt Selbstbewusstsein und Tatkraft; bewusstseinserweiternd; für Schutzräucherungen
Damiana	südliches Nordamerika, Mitelamerika	krautig-würzig	aphrodisierend, anregend, kräftigend, entkrampfend, entspannend; für Liebesräucherungen; hilft bei Menstruationsbeschwerden

Räucher-stoff	Herkunft	Duftnote	Verwendung/ Wirkung in der Räucherung
Eisenkraut	Europa	angenehm leicht, frisch, »hell«	fördert die Traum-erinnerung und einen guten Schlaf, bewahrt vor Albträumen; hilft und stärkt bei Ängst-lichkeit, Unsicherheit und wenn man sich »ausgepowert« fühlt; bringt verlorene Energie zurück; hilft, Probleme zu lösen
Eukalyptus	Australien	frisch, minzig	reinigt die Raumluft; klärend, konzentrati-onsfördernd; gut bei Erkältungen oder nach überstandener Krankheit
Fenchel-samen	Mittelmeer-raum	anisartig, fruchtig, frisch	für Entspannung und Stressabbau; aphro-disierend; helfen bei Traurigkeit und Niedergeschlagen-heit; klären den Geist
Fichten-nadeln	Europa	würzig, aromatisch, »grün«, duftet nach Wald	kräftigend, stärkend; unterstützen und zentrieren besonders in stürmischen Zeiten
Galgant	Himalaja; Thailand, Indien, China	leicht, warm, pfefferartig wild, scharf	kräftigend, vitalisie-rend, anregend, heilsam; bringt die Energie zum Fließen; gut bei Erschöpfung und fürs Herz (physisch wie psychisch)

Räucherstoff	Herkunft	Duftnote	Verwendung/ Wirkung in der Räucherung
Gewürznelke	Asien	fein, würzig, aromatisch, intensiv	desinfiziert, reinigt, heilt; wärmt; hilft beim Annehmen und Loslassen; stärkt Vertrauen und Selbstwertgefühl; bringt Glück; hält Insekten fern
Hanfsaat	China, Indien	hocharomatisch, voll, leicht süßlich	anregend, berauschend; fördert den Kontakt zur Seele
Ingwer	Asien	würzig, scharf	feurig, wärmend, anregend, aphrodisierend; antibakteriell; fördert psychische Prozesse; stärkt die Nerven
Iriswurzel	Europa, Asien	veilchenartig, mild, fein	sinnlich, harmonisierend, hilft beim Loslassen; fördert die Sensibilität, lindert Stress
Jasmin	Iran, Europa	fein, sanft	sinnlich, anregend, aphrodisierend; weckt die Lebensgeister; hebt die Stimmung; regt die Fantasie an
Johanniskraut	weltweit	würzig, frisch, duftet nach Heu	beruhigend, aufhellend
Kalmus	weltweit	aromatisch, bitter, würzig	feurig, aphrodisierend, sinnlich, wärmend, stärkend; hilft beim Neuanfang

Räucher-stoff	Herkunft	Duftnote	Verwendung/ Wirkung in der Räucherung
Kamillen-blüten	Europa, Asien	fein, sanft, mild-aromatisch	fördern den Schlaf; mildern Stress und Anspannung; wärmen, schaffen eine geborgene Atmosphäre
Kampfer	Asien	eukalyptusartig, frisch	klärend, stark reinigend, aufhellend, stärkend, aktivierend; unterstützt die Atemwege; löst nervöse Spannungen
Kardamom	Indien, Sri Lanka, Guatemala, Tansania, Vietnam	lecker, würzig, exotisch	vitalisiert, belebt, wärmt und hellt auf; regt den Appetit an; bringt Lust und Freude; für die Sinnlichkeit
Koriander	Mittelmeer-raum, Vorder-asien	süßlich, warm, würzig	beruhigend, entkrampfend; wärmend, ausgleichend, erweiternd; für Liebesräucherungen
Lavendel	Mittelmeer-raum	aromatisch, intensiv, blumig	schafft eine klare, reine, friedvolle, sanfte Atmosphäre; hilft bei Schlaflosigkeit; lindert Stress; hilft bei stressbedingten Kopfschmerzen; wirkt krampflösend; für Reinigungs- und Heilungsräucherungen; vertreibt Motten

Räucher-stoff	Herkunft	Duftnote	Verwendung/ Wirkung in der Räucherung
Lorbeer	Vorderasien, Mittelmeer-raum	aromatisch, frisch	klärt, energetisiert; vertreibt negative Gedanken; bewusst-seinserweiternd (Wahrsagekraut); stärkt die Wahrneh-mungsfähigkeit
Melisse	Balkan, Klein- und Westasien	würzig, aromatisch	hellt auf, entspannt und beruhigt; stärkt das Immunsystem; lindert Nervosität
Minze	weltweit in allen gemäßigten Klimazonen	frisch, intensiv	heilsam, anregend; för-dert Konzentration und Durchsetzungsvermö-gen; stärkt die Initiative; lindert Kopfschmerzen; wirkt geistig klärend und erfrischend
Moschus-kraut/-körner	Mitteleuropa/ Brasilien	schwer, balsamisch, süßlich	aphrodisierend; schafft eine Verbin-dung zu unbewuss-ten, verborgenen Gefühlen
Muskatnuss	Banda-Inseln, Molukken, Südamerika, Asien, Afrika	sehr aromatisch, süßlich-herb	aktiviert; stärkt die Willenskraft (Vor-sicht: in zu hohen Dosen verräuchert, können Kopfschmerzen und Übelkeit auftreten!)
Myrten-blätter	Mittelmeer-raum, Kanarische Inseln, Zentralasien	laubartig	zur Reinigung, schaf-fen eine klare Atmo-sphäre; unterstützen emotionale Heilung; bringen Segen; wirksam gegen Schmerzen

Räucherstoff	Herkunft	Duftnote	Verwendung/ Wirkung in der Räucherung
Patchouli	Asien	erdig, holzig, sinnlich, intensiv	aphrodisierend, warm, erdend; hilft bei Angst und Unsicherheit; vertreibt Motten
Quitte	Iran, Kaukasus, Armenien	fruchtig, süß	(Appetit) anregend; für Genuss und Wohlbefinden
Rosenblätter	weltweit in gemäßigten Klimazonen	sanft, mild	entspannend, erhebend, besänftigend; für Liebesräucherungen
Rosmarin	Mittelmeerraum	würzig-aromatisch, »grün«	erfrischt, wirkt aufbauend bei Erschöpfung; muntert auf; fördert Konzentration und Gedächtnis; stärkt den Willen
Salbei (Echter Salbei)	Mittelmeerraum	kraftvoll, sehr aromatisch, leicht fruchtig	intensiv reinigend, aufbauend, heilsam; schenkt neue Kraft
Salbei, weiß (White Sage)	Nordamerika	klar, stark, aromatisch, herb-frisch	schützt gegen unerwünschte Einflüsse; reinigt nachhaltig die Atmosphäre; für Reinigungs-, Heil- und Schutzräucherungen
Sternanis	China, Vietnam	warm, süßlich, würzig	wärmend, einhüllend, tröstend, erhebend; stärkt das Vertrauen; für Schutzräucherungen

Räucherstoff	Herkunft	Duftnote	Verwendung/ Wirkung in der Räucherung
Stinkasant (Teufelsdreck)	Ostiran, Afghanistan	knoblauchartig, süßlich, scharf, sehr intensiv!	aphrodisierend; vertreibt schlechte Energien und »böse Geister« (Vorsicht: nur in sehr kleinen Mengen verwenden, sonst wird der Geruch unangenehm!)
Süßgras	Nordamerika	vanilleartig, süßlich, leicht, frisch, »hellgrün«	harmonisierend, verbindend; stimmt heiter und gelassen; schafft eine positive Atmosphäre; fördert Heilung und Loslassen; zieht »hilfreiche Geister« an
Thymian	Mittelmeerraum, Mitteleuropa	aromatisch, warm	stimuliert das Immunsystem; fördert die Gedächtnisleistung; wärmend, aufmunternd; reinigend, desinfizierend; stärkt Körper, Geist, Seele und das Selbstvertrauen
Tonkabohne	Mittel- und Südamerika	süßlich, warm, würzig, nach Kräutern duftend	harmonisierend, aufhellend; fördert Heiterkeit und Wohlbefinden
Vetiver	Asien	erdig, süß, schwer	aphrodisierend; erdet, stärkt den Realitätssinn, fördert die Körperwahrnehmung; hilft bei depressiven Verstimmungen; regeneriert

Räucherstoff	Herkunft	Duftnote	Verwendung/ Wirkung in der Räucherung
Wacholderbeeren	Europa, Asien, Nordamerika	hoch aromatisch, fruchtig	(Appetit) anregend; stark reinigend; für Schutz- und Reinigungsräucherungen
Wacholderspitzen	Europa, Asien, Nordamerika	waldig, würzig, aromatisch	schaffen Klarheit und Weite; für Schutz- und Reinigungsräucherungen
Wegwarte	Europa, Vorderasien	sanft, fein, würzig	fördert Träume und Visionen; für Liebes- und Schutzräucherungen
Wüstenbeifuß	Nordamerika	feurig, intensiv	reinigend, klärend; hilft, zur eigenen Kraft zurückzufinden
Ysop	Mittelmeerraum	mild, frisch, warm, nach Kräutern duftend	klärend, reinigend, erfrischend; hält Krankheiten fern
Zimt	Süd-, Südostasien	warm, süß, orientalisch, würzig, exotisch	aphrodisierend, anregend, sinnlich, wärmend, entspannend; hebt die Stimmung; hilft bei Stress, Nervosität oder Angst; »wärmt das Herz«
Zitronengras	Süd-, Südostasien, Australien	zitronig, leicht scharf	heiter, inspirierend, aktivierend, spendet Kraft
Weitere Stoffe			
Propolis	weltweit	balsamisch, honigartig, sanft, warm	für Heilungsräucherungen; zur Stärkung der Abwehrkräfte

Räucherstäbchen – die schnelle Alternative

Die traditionelle, ursprüngliche, intensive Art des Räucherns – nämlich die auf Kohle – haben Sie jetzt kennen gelernt. Die andere, hier zu Lande heute populärere Art des Räucherns ist die mit Räucherstäbchen.

Räucherstäbchen zu verbrennen hat eine grundsätzlich andere Qualität als das Räuchern auf Kohle. Die Duftnuancen sind zwar feiner und milder, die eigentlichen Ursprungsstoffe sind jedoch häufig kaum zu identifizieren. Wer es also »original« mag und seine Nase schulen möchte, den führt kein Weg am »echten« Kohle-Räuchern vorbei. Dennoch sind Räucherstäbchen eine gute Alternative, die verschiedene Vorteile bringt:

- Sie brauchen dafür wesentlich weniger Zeit.
- Es ist deutlich weniger Aufwand.
- Räucherstäbchen eignen sich gut fürs Räuchern »nebenbei«, sozusagen als »Hintergrundmusik«.
- Sie finden hier eine eigene Duftwelt mit vielen neuen Variationen.
- Sie können Räucherstäbchen leicht überallhin mitnehmen.

Der Zweck ist ein anderer

Räucherstäbchen sind nicht nur einfacher in der Handhabung und anders im Duft, man setzt sie in der Regel auch zu anderen Zwecken ein als eine Räucherung auf Kohle.

Der Ritualcharakter nimmt beim Stäbchenräuchern, wenn überhaupt, eine eher untergeordnete Rolle ein. Natürlich können Sie auch mit bestimmten Stäbchensorten ein Reinigungsritual durchführen oder sie zu Meditation oder Gebet verbrennen, doch das Räuchern wird dabei kein so zentrales Element sein. Wohlgeruch verbreiten oder eine beson-

Räuchern im Hotel

Gut geeignet sind Räucherstäbchen auch im Hotel. Manchmal herrscht dort eine etwas muffige oder klinische Atmosphäre. Oft hängen auch noch das Aftershave, das Parfum des Gastes in der Luft, der das Zimmer vorher bewohnt hat.

Um hier die Luft zu reinigen und eine angenehme und heimeligere Atmosphäre zu schaffen, sind Räucherstäbchen geradezu ideal.

dere Atmosphäre herstellen, können Sie mit den Stäbchen jedoch allemal.

Räucherstäbchen-Zubehör

Außer einem Räucherstäbchenhalter, den es in vielen Stilen, Formen und Materialien gibt, brauchen Sie, von Streichhölzern oder Feuerzeug einmal abgesehen, eigentlich keinerlei weitere Utensilien.

Und es geht sogar ohne Stäbchenhalter: Sie können ebenso Ihre Räucherschale verwenden und die Stäbchen einfach in den Sand stecken. Hat sich etwas Asche in der Schale angesammelt, können Sie auch kleinere Stückchen von den Räucherstäbchen

Nicht ausblasen!
Bei einer solch archaischen Tradition wie dem Räuchern muss ein wenig Aberglaube natürlich auch mit im Spiel sein: Nachdem Sie das Räucherstäbchen angezündet und für einen Moment haben brennen lassen – blasen Sie es nicht aus! Fächeln Sie es lieber aus, sonst blasen Sie mit der Flamme auch alle guten Geister fort.

abbrechen und (ohne Stützholz) einfach hineinlegen und dort verglimmen lassen.

Bei einer ausreichend großen Räucherschale kann die Asche der Stäbchen nicht daneben fallen. Und Sie können die Räucherei leicht beenden, indem Sie das Stäbchen einfach mit dem glimmenden Ende in den Sand stecken.

Räucherstäbchen bilden eine Art eigenen Duftkosmos. Es gibt hier viel zu entdecken und auszuprobieren. Im Folgenden finden Sie Interessantes und Wissenswertes, vor allem über die Qualität von Räucherstäbchen aus (fast) allen Teilen der Welt.

Indische Agarbatti

Indien wird auch als »die Mutter aller Düfte« bezeichnet. Wer schon dort war, weiß, warum. Eine größere Vielfalt von Düften und Gerüchen, die vom übelsten Gestank bis hin zum feinsten Wohlgeruch reicht, ist wohl kaum sonst irgendwo auf diesem Planeten zu finden. Immer mit dabei – in den Tempeln, an den Verkaufsständen, in den Privatwohnungen: intensiver Räucherstäbchenduft.

Vermutlich wurden in Indien auch die ersten Räucherstäbchen, dort *Agarbatti* genannt, hergestellt.

Das, was heute an Räucherstäbchen in Indien hergestellt wird, ist jedoch leider in den allermeisten

Fällen nicht zu empfehlen. Schon die intensiv riechenden Packungen – ein eindeutiger Hinweis auf den Einsatz synthetischer Duftöle – sollten als Warnzeichen gedeutet werden. Verbrennt man nämlich synthetisch hergestellte Duftöle, entstehen toxische Substanzen, die im mildesten Fall Hustenreiz oder Kopfschmerzen auslösen. Nicht selten sind die weiteren Inhaltsstoffe ebenfalls von minderwertiger Qualität – oft sind es auch nur einfache Holzspäne – und werden zudem mittels Klebstoff am Stützholz befestigt.

Qualität erkennen

Setzen Sie Nase und gesunden Menschenverstand ein. Ist Ihr Riechorgan vom »echten« Räuchern auf Kohle geschult, wird es Ihnen ohnehin leichter fallen, natürliche von synthetischen Düften zu unterscheiden. Finger weg von Räucherstäbchen, die intensiv und aufdringlich riechen!

Auch der Preis ist ein Anhaltspunkt: Eine Packung mit fünfzehn oder zwanzig Stäbchen, die 1,50 Euro kostet, kann einfach keine qualitativ hochwertigen Inhaltsstoffe enthalten.

Natürlich gibt es auch Ausnahmen von der Regel. Einige hochwertigere indische Sorten gibt es durchaus auf dem Markt. Doch wann immer Sie sich nicht sicher sind: Verbrennen Sie indische Räucherstäbchen – und dasselbe gilt meist auch für thailändische – lieber nur im Freien, denn dort besteht weniger die Gefahr, Ihre Gesundheit zu schädigen und Ihre Nase zu betäuben.

Medizinische Stäbchen aus Tibet und Nepal

Eine ganz eigene Art von Räucherstäbchen wird traditionell seit Jahrhunderten in Tibet beziehungsweise – seit einiger Zeit nach tibetischer Tradition – in Nepal hergestellt. Schon äußerlich unterscheiden sie sich stark von Räucherstäbchen anderer Herkunftsländer: Sie sind meist relativ dick und rau und werden ohne Stützholz hergestellt. Auch bezüglich der Inhaltsstoffe und der Verwendung unterscheiden sie sich, denn sie werden unter anderem zu medizinischen Zwecken eingesetzt. Damit einher geht ein hoher Qualitätsanspruch, der in der Regel gewährleistet, dass man die Räucherstäbchen, die ausschließlich aus im Himalaja heimischen Pflanzen und Kräutern hergestellt werden, sogar essen kann. Meistens ist auf der Verpackung vermerkt, welche Wirkungen die jeweilige Sorte auf Gesundheit und Wohlbefinden hat.

Insektenschutz
Sie können Räucherstäbchen auch einsetzen, wenn Sie auf Balkon, Terrasse oder vor dem Campingzelt sitzen und von nervigen Plagegeistern, sprich: Stechmücken und anderen Insekten heimgesucht werden. Wählen Sie dazu Stäbchen mit einem hohen Anteil an Zimt, Nelke, Zeder, Eukalyptus, Patchouli oder Fichtenharz (alternativ: Weihrauch) aus. Oder erkundigen Sie sich im Handel direkt nach speziellen Räucherstäbchen, die Insekten vertreiben.

Im Duft sind diese bis heute auf traditionelle Weise von Hand nach alten Rezepten gefertigten Stäbchen sehr erdig, frisch, natürlich und kraftvoll. Wenn man diese Qualitäten mag, kann man bei Ware aus Tibet beziehungsweise Nepal kaum etwas falsch machen – und tut nebenbei auch noch seiner Gesundheit etwas Gutes.

Japanische Spitzenstäbchen

Die unbestritten hochwertigsten, feinsten und auch teuersten Räucherstäbchen werden in Japan hergestellt. Wie schon erwähnt, gibt es im Land der aufgehenden Sonne eine lange Räuchertradition, die teilweise bis heute Bestandteil des täglichen Lebens ist. Sehr teure Räucherstäbchen, die hier zu Lande gar keinen Markt fänden, sind dort keine Seltenheit und ein übliches Gast- oder Hochzeitsgeschenk.

Wie so vieles, kam auch die Kunst der Räucherstäbchenherstellung zunächst vom Nachbarn China nach Japan. Die Japaner nahmen diese Kunst begierig auf, um sie weiterzuentwickeln und zu verfeinern. Räucherwerk aus China ist bei uns sehr selten zu bekommen und von der Qualität her in der Regel eher zu vernachlässigen. Bei japanischen Räucherwaren ist das anders. Hier werden die feinsten und begehrtesten Substanzen verarbeitet, die es auf dem Weltmarkt gibt, darunter auch das köstliche Adlerholz. Auf ein Stützholz wird dabei konsequent verzichtet. Natürlich haben diese Spitzenstäbchen ihren Preis – den sie in der Regel auch wert sind. Exquisitere Duftnoten davon kosten manchmal durchaus 30 oder 40 Euro pro Päckchen oder Schachtel. Gute japanische Räucherstäbchen sind aber auch schon für etwa fünf bis zehn Euro zu haben.

Eine Besonderheit aus Japan sind neben den exquisiten Räucherstäbchen auch die besonders feinen Räucherkugeln, die nicht selbst brennen, sondern auf dem Stövchen verräuchert werden.

Räucherkugeln selbst herstellen

Noch feiner im Duft als Räucherstäbchen sind Räucherkugeln, die Sie auf dem Stövchen verräuchern. Sie können sie leicht selbst herstellen. Entweder Sie besorgen sich dazu ein spezielles japanisches Räucherset – das allerdings seinen Preis hat – oder Sie greifen auf die Zutaten in Ihrer Räucherkiste zurück. Sie können hier wunderbar improvisieren, indem Sie auch Ihre Vorräte an getrockneten Kräutern verwenden und sie mit Harz und Honig vermischen.

So wird´s gemacht:

- Pulverisieren Sie die Zutaten Ihrer Wahl im Mörser: Blüten, Harze, Wurzeln, Kräuter … Achten Sie darauf, stark duftende Substanzen (vor allem Harze) nur in kleinerer Menge einzusetzen.
- Vermischen beziehungsweise verkneten Sie diese Mixtur mit etwas Honig oder (weichklebrigem) Elemiharz, und formen Sie kleine Kugeln oder Klumpen daraus.
- Verräuchern Sie diese auf einem Räucherstövchen, am besten auf einem Stück Alufolie, und genießen Sie die feinen Duftnuancen!

Indianische Räucherbündel

Eine weitere, sehr empfehlenswerte Art von »Räucherstäbchen« kommt aus der indianischen Tradition Nord- und Südamerikas. Die meisten von ihnen enthalten die besonders aromatischen und »grün« duftenden Kräuter Nordamerikas oder die intensiv und voll duftenden Copal-Sorten Südamerikas.

Vor allem zu empfehlen sind die indianischen Kräuterbündel, so genannte *Smudges* oder *Smudge Bundles*. Dies sind die Zweige meist einer einzigen Kräuterart, die mit bunten Baumwollbändern zu einem handlichen Bündel zusammengebunden sind. Die gebräuchlichsten bestehen aus *White Sage*, dem silbrig-weißen Salbei, der nach indianischer Auffassung Frieden und Heilung bringt; aus Wüstenbeifuß *(Desert Sage)*, der als starke Medizinpflanze gilt, die Kraft und Schutz spendet, sowie aus Süßgras beziehungsweise *Sweetgrass*. Letzteres wird in der Regel zu einem Zopf geflochten und so verbrannt. Süßgras zieht laut indianischer Tradition die guten Geister an. Man könnte auch sagen: Es stimmt positiv, hebt die Stimmung und stärkt das allgemeine Wohlbefinden. Der leicht süßliche, hocharomatische Duft überzeugt einen schnell davon.

Binden Sie Ihre eigenen Kräuterbündel
Natürlich können Sie solche Kräuterbündel auch selbst binden. Am besten, Sie verwenden hierfür Kräuter, die Sie in der Natur gefunden oder im eigenen Garten gezogen haben. Am leichtesten geht es, wenn Sie die Kräuter leicht antrocknen lassen, sie dann mit dicken, mehrfarbigen Baumwollfäden zu handlichen Bündeln binden und sie zur vollständigen Trocknung an einem luftigen, aber lichtgeschützten Ort aufhängen.

Dabei können Sie Kräuter oder Zweige einer bestimmten Pflanze wie beispielsweise Salbei, Thymian, Rosmarin, Wacholder, Pfefferminze oder Kiefer verwenden oder Ihre eigenen Mischungen kreieren. Viel Spaß dabei!

Smudge Bundles werden – wie Räucherstäbchen – einfach direkt angezündet und ausgefächelt. Über oder in einer feuerfesten Schale können sie dann langsam verglimmen und ihre Düfte und Kräfte freisetzen. Kräuterbündel sind auch optimal für Räucherungen im Freien.

Räucherkegel aus dem Erzgebirge

Eine kleine, aber feine Räuchertradition, die allerdings erst 200 bis 300 Jahre alt ist, gibt es auch in Deutschland, vor allem im Erzgebirge. Fast jeder kennt die kleinen Räuchermännchen, bei denen der Rauch aus dem geöffneten Mund aufsteigt, als würde das Männchen gerade Pfeife rauchen. In Wahrheit gibt es in seinem Inneren einen Hohlraum, in den ein kleiner glimmender Räucherkegel gestellt wird.

Man kann die kleinen Kegel aber auch alleine auf ein wenig Asche ins Räuchergefäß stellen. Früher wurden diese Räucherkerzen ausschließlich mit einheimischen Zutaten hergestellt, heute bezieht man auch Weihrauch und andere Stoffe aus aller Welt mit ein.

Auch bei deutschen Räucherkerzen gibt es natürlich Qualitätsunterschiede. Lassen Sie sich bei der Auswahl von den gleichen Prinzipien leiten wie bei den Stäbchen: Was schon in der Packung intensiv und aufdringlich riecht, wird auch im brennenden Zustand keinen feinen, leckeren Duft verströmen.

Es lassen sich aber durchaus einige Sorten finden, die wirklich die Nase erfreuen. Gut geeignet sind die kleinen Räucherkegel immer dann, wenn Ihnen nach einem kurzen und relativ kräftigen Räuchererlebnis zumute ist.

Anhang

Register

Vita

Anja Schmidt lebt als Autorin und Lektorin in München. Zu ihren Fachgebieten zählen vor allem die Themen ganzheitliche Gesundheit, alternative Heilweisen, Fitness, Psychologie, Religion und Spiritualität.

Zusammen mit Franz X.J. Huber verfasste sie »Das große Buch vom Räuchern« (Schirner Verlag), ein Standardwerk zum Thema.